はじめての
内部監査

監査の基礎知識から
実務での応用まで

島田裕次 著

日科技連

まえがき

　企業経営を行うためには、内部監査を上手に活用することが不可欠である。内部監査は、不祥事や事務ミスの発生防止、コンプライアンス違反を防ぐための仕組みが適切に構築され有効に機能しているかどうかを点検・評価し、必要な改善提案を行う役割を担っている。また、内部監査を活用すれば、競争激化に対応するための新規事業や企業統合が計画どおりに実施されているか、経営理念や行動基準を従業員等が遵守しているかなどを確かめることができる。

　内部監査は、簡単にいえば経営改善や業務改善に役立つような指摘や改善提案を行うことを目的としている。また、現在の体制やプロセスには問題はないが、「2年後のことを考えれば改善が必要である」といった指摘や改善提案も行う。このような点が、財務報告の信頼性を監査する公認会計士監査と大きく異なる点である。

　経営に資する内部監査を実施するためには、それを実践できるスキルや知見をもった内部監査人が必要になる。しかし、わが国の内部監査人の大半が人事異動によって内部監査を担当しており、内部監査に関する知見が少ないのが現状である。

　本書では、新任の内部監査人を対象にして、内部監査の基本的な事項を解説することを目的としている。また、内部監査人に任命されてすぐに内部監査業務を実施することができるように、監査チェックリストを例示するなど、わかりやすく解説するように心掛けている。

　第1章では、新任の内部監査人が戸惑う「独立性と客観性」、「三様監査」、「三線防御」などの用語説明を含めて内部監査の役割や仕事の内容などを説明する。第2章では、内部監査実務に追われて読む機会が少ないと思われる内部監査に関する基準を解説し、第3章では、監査計画の策定から監査報告、フォ

ローアップまでの内部監査プロセスについて説明する。また、第4章では、内部監査人にとって必須知識であるリスクアプローチについて詳しく説明する。

　第5章では、新任の内部監査人が悩むことの多いインタビュー、ドキュメントレビュー、視察、データ分析などの監査技法の具体的な進め方について説明する。また、第6章では、内部監査にはさまざまな種類があることを述べ、それを受けて第7章で、業務別に監査のポイントを詳しく解説する。第7章では、監査チェックリストを例示しているので、監査のチェックポイントに悩んでいる内部監査人にも役立つ内容にしている。第8章では、監査の着眼点と上手な指摘・改善提案について説明する。監査チェックリストと併せて読めばより良い監査を実施するうえでの参考になると思う。

　ところで、内部監査部門は、金融商品取引法で求められている内部統制の有効性評価(いわゆるJ-SOX)や各種マネジメントシステムの内部監査も担当していることが多い。新任の内部監査人は、内部監査とJ-SOXなどとの違いに戸惑うことがあるので、第9章では、それらの違いについて説明する。

　第10章では、アシュアランスとコンサルティング、内部監査の品質評価について言及する。また、第11章では、ICTの進展に対して内部監査はどのように対応すればよいのか、監査チェックリストを例示して説明する。最後の第12章では、内部監査の付加価値を高めるために、未来志向の内部監査や目的志向の内部監査について提案する。

　本書の執筆に際しては、日科技連出版社の鈴木兄宏氏から貴重な御意見や助言をいただいているので、この場を借りて御礼を申し上げたい。

　最後に、本書が日本の内部監査人のスキルアップ、付加価値の高い内部監査の実現につながることを期待している。また、内部監査を通じて、読者の企業等の経営改善、業務改善に貢献できれば幸いである。

2020年1月

島　田　裕　次

はじめての内部監査

目次

第1章
内部監査の目的

1.1 内部監査の楽しみ

　内部監査部門に異動すると、自分の会社人生はこれで終わりなのではないかと考えてしまう方がいる。しかし、内部監査の仕事は、創造的な仕事であり、多くの貴重な経験ができる。なぜならば、内部監査は、社内あるいは企業グループのさまざまな部門・業務を対象にして監査を行うからである。つまり、子会社を含めてさまざまな部門・業務を知ることができるからである。

　また、各部門の問題点や子会社の問題点を把握するだけで終わりではない。それを改善につなげることができるのが、内部監査人の喜びであり、やりがいである。内部監査人は、自らが直接業務改善を行うわけではないが、監査を通じて改善提案を行い、フォローアップによって改善の確実な実施を図ることができる。内部監査人は、社内における、言わば「黒子」のような役割を担っている。

　さらに、内部監査人には、権限があるのでさまざまな資料の提供を求めることができるし、さまざまな従業員の話を聞くことができる。このような魅力的な仕事は、社内には内部監査以外には存在しないといえる。内部監査部門を人材育成の場として活用し、経営者や管理者の人材育成に活かしている先端的な

企業もある。

1.2　内部監査の役割

(1) 内部監査の定義

　内部監査人の専門家の団体である IIA (内部監査人協会) は、「内部監査の使命は、リスク・ベースで客観的な、アシュアランス、助言および洞察を提供することにより、組織体の価値を高め、保全することである。」(IIA『内部監査の使命』より) としている。また、内部監査について、次のように定義している。

　「内部監査は、組織体の運営に関し価値を付加し、また改善するために行われる、独立にして、客観的なアシュアランスおよびコンサルティング活動である。内部監査は、組織体の目標の達成に役立つことにある。このためにリスク・マネジメント、コントロールおよびガバナンスの各プロセスの有効性の評価、改善を、内部監査として規律ある姿勢で体系的な手法をもって行う。」(IIA『内部監査の定義』より。下線は筆者)

　つまり、内部監査は、経営改善や業務改善に寄与するものであり、内部監査で指摘や改善提案を行い、監査対象部門が課題を改善することによって、業務や経営の改善につながるものである。「組織体の運営に価値を付加し、または改善する」ということには、売上の増大やコスト削減、従業員のスキル向上、顧客サービスの向上などさまざまなものが含まれ、コンプライアンスの確保、不正防止、情報セキュリティの向上なども含まれる。

　企業等の不祥事を防止したりや発見したりすることが内部監査の役割だと勘違いされる方が見受けられるが、不正防止のためだけに内部監査があるのではない点に注意する必要がある。

(2) 内部監査のフレームワーク

　内部監査では、事業活動を進めるうえでのリスクが適切に評価され、リスクに応じた対策 (コントロール) が講じられ、それが有効に機能しているか確かめ

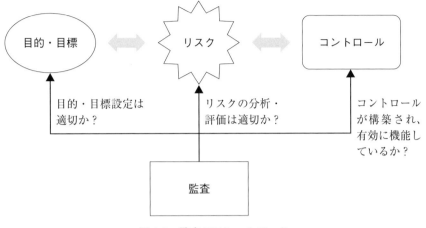

図 1.1　監査のフレームワーク

る（**図 1.1**）。リスクの把握漏れや過小評価が行われて、必要なコントロールが講じられず、大きな損害が発生する可能性がある。また、リスクを過大評価して、必要以上のコントロールを講じてしまい、過大なコストがかかり業務効率も阻害してしまう可能性もある。

　また、リスクは、企業等のビジネス目標とも大きく関係する。例えば、BtoCのビジネスを行っている企業では、個人情報保護に係るリスクが大きいが、BtoBのビジネスを行っている場合には、個人情報保護に係るリスクは小さくなる。このようにリスクは、企業等のビジネス目標を踏まえて捉える必要がある。

1.3　内部監査の仕事

（1）証明することが仕事

　内部監査に関するセミナーへの参加者に対して内部監査部門への異動を希望した人がいるか質問してみると、大半の人が異動を希望していないと答える。このようにわが国の内部監査人は、人事異動の結果として、内部監査を担当す

る方が大半である。内部監査部門へ異動して、初めて監査を担当することになり、内部監査とは何かがよくわからなかったり、どのように監査をしたらよいのかがわからなかったりすることが少なくない。

　監査を受けたことがある者は、そのときの記憶を思い出して、見様見真似で監査を行う。また、内部監査人の先輩から指導を受けながら監査を行うことも多いのが実態だといえる。大規模な内部監査部門では、新任の内部監査人のための教育カリキュラムを用意して研修を行っているが、小規模の内部監査部門では、そのような仕組みを構築する余裕がないので、OJT で内部監査人を育成することになる。

　ところで、内部監査は、部門運営や業務について、適切に行われていること、または適切に行われていないことを証明することが仕事である。内部監査人が監査対象部門を運営するわけでもないし、監査対象業務の仕事を内部監査人が行うわけでもない。しかし、執行側の仕事しか経験したことのない者にとっては、執行側の管理者の立場から指摘を行ってしまいがちになる。内部監査人になったら、今までの仕事とは異なる視点をもつ必要がある。

　それでは、証明はどのように行えばよいのだろうか。内部監査では、実験や数式で証明するわけではなく、業務を実施した証拠を入手して、本当に実施しているか確かめることになる。棚卸を実施していれば、現物があったかどうかをチェックした痕跡が残っているはずだし、契約を締結していれば契約書が残っているはずである。このような証拠を確かめるのが監査の仕事である。この他に、作業の実施状況をインタビュー（質問）して確かめることもあるし、現地の状況を目で見て確かめる方法（視察）もある。

　このように内部監査は、執行側の仕事と異なって、証拠を入手して適切に業務が行われているかどうかを確かめることが仕事である。したがって、内部監査人には、仕事を遂行する能力ではなく、「証明する能力」が強く求められることになる。

　内部監査人は、他者が行った、あるいは行っている業務が適切に行われているかを点検・評価することが仕事であり、内部監査人自身が業務を行ったり、

業務を適切に行うために監査対象部門の従業員を指導・監督したりする仕事を行うわけではない。

(2) 仕組みやプロセスを点検・評価

内部監査では、業務マニュアルなどで定められたとおりに仕事を実施しているかということだけを確かめるわけではない。監査対象を部分的に見ているだけでは、全体として不備があるかどうかを見つけることが難しい。そこで、内部監査では、仕事を遂行する体制が適切かどうか、仕事を行うプロセスが効率的に行われているか、ミスが発生しにくい仕組みになっているかなどについて確かめる必要がある。

プロセスを監査するためには、まず仕事の始まりから終わりまでの流れを図（業務フローチャート）にする必要がある。次に、プロセスの中で、業務目的を達成できないリスクがどこにあるか、またそのリスクはどのような内容か、発生する可能性は高いのか低いのかなどを確かめる。リスクを把握した後は、そのリスクを低減する仕組み（コントロール、対策）があるか、そのコントロールが実施されているか確かめる。このように内部監査人は、監査対象をプロセスの視点からチェックしていく。

仕組みという視点から見ると、内部監査人は、業務の遂行体制が業務を遂行するうえで適切かチェックする。役割や権限・責任が明確になっているか、人数や要員のスキルは十分か、他部門との連携を行う仕組みがあるかという視点からチェックする。さらに、規程や業務マニュアルの整備、教育・研修の仕組みがあるかチェックする。

(3) 業務改善・経営改善への貢献

内部監査人は、監査において、問題点が発見されれば、その原因を究明し、業務が改善されるような改善提案を行わなければならない。監査報告では、単純に社内規程や業務マニュアルを従業員に周知・徹底するという監査意見を表明するのではなく、業務プロセスのどこに問題があるのか、それをどのような

方向で改善すればよいのかを改善提案する必要がある。

(4) 内部監査人が陥りやすいミス

　日本の内部監査人は、内部監査部門に異動するまでに、営業部門、生産部門、経理部門、IT 部門、事業所などさまざまな部門で実務を担当してきている。そこで、監査の際に、執行側の立場になってしまい、業務執行に入り込んでしまうことがある。

　例えば、内部監査部門に異動する人材は、事業所長や部長の経験者が少なくない。監査の途中で、自分が当該職場の管理者になったつもりで、「このように業務を改善しなさい」と指示を行ってしまうことがある。内部監査人は、問題点を指摘し、原因究明を行い、改善の方向性を提案するまでが仕事である。どのように改善するかは、経営者あるいは監査対象部門の仕事であることを忘れてはならない。

あなたの監査部門は監査をしていますか？

　昔、ある内部監査人が海外の検査当局から、「あなたは監査をしていますか？」と質問されたそうである。その内部監査人は、自分が行っている監査業務の説明をしたところ、それなら大丈夫だと言われたそうである。当時は、検査中心の内部監査（正確にいえば監査とはいえない）が主流の時代であったので、仕組みやプロセスの適切性を内部監査で確かめているかということを質問されたのだと思う。

　この教訓から、読者の企業で行っている監査が、本当の意味の監査になっているのか、あるいは検査に留まっているのか、もう一度振返ってみるとよい。

1.4 独立性と客観性

(1) 独立性とは

　監査の世界では内部監査に限らず独立性が重要だといわれる（**図 1.2**）が、独立性は、2つに整理できる。一つ目の独立性は、組織的な独立性（外観上の独立性）である。例えば、CFO（最高財務責任者）の下に内部監査部門が設置されていることを想定してみれば独立性の必要性を理解できるだろう。内部監査の結果、経理部門に責任があることが判明し、それを監査報告書に記載しようとすれば、指摘した問題点が CFO の責任になることから、CFO は、監査報告書への記載をやめさせようとする気持ちが働いてしまう。また、CFO から指示がなくても、内部監査部長が CFO の立場を配慮して監査報告書に記載しないかもしれない。このようなリスクを排除するために、内部監査部門は、経理部門という執行側から独立した組織として設置することが求められている。これが、組織上の独立性である。

　内部監査部門を執行部門から独立させるためには、経営者、つまり社長に直属する組織として位置づけている企業等がある。しかし、この場合であっても、社長の不正や過失などを発見した場合に、監査で指摘しにくいという気持ちが働くことが考えられる。そこで、内部監査部門を取締役会に直属させたり、監査等委員会に直属させたりしている企業等がある。

　もう一つの独立性は、精神的な独立性である。内部監査部門が取締役会や社

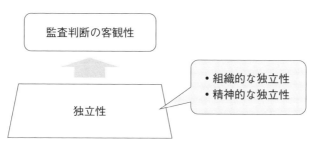

図 1.2　内部監査人の独立性

長に直属した組織であっても、監査が公平に行われるとは限らない。特に日本企業の場合には、崩れつつあるとはいえ終身雇用制があるので、企業間での人的流動性が低く特定企業に長く在籍することが少なくない。その結果、社内で先輩後輩の関係、お世話になった人が多数存在し、監査の相手方になることが想定される。このような場合には、公平、客観的な視点から問題点を指摘できるのかという懸念がある。そこで、精神的な独立性が必要になる。

　内部監査を適切に行うためには、組織的な独立性と精神的な独立性の2つの独立性を確保する必要がある。

　なお、IIA国際基準では「1100─独立性と客観性」においては、「内部監査部門は、組織上独立していなければならず、内部監査人は、内部監査の業務（WORK）の遂行に当たって客観的でなければならない。」としている。

(2) 客観性とは

　客観性は、監査人の思い込みや憶測で監査を実施するのではなく、客観的な事実にもとづいて監査を実施するということである。つまり、事実にもとづいて、その適否を客観的に判断しなければならないということである。客観性には、事実にもとづいて監査判断を行うという意味と、監査判断の客観性の2つの意味がある。事実にもとづいて監査判断を行うことは、わかりやすいが、監査判断を客観的に行うことは難しい。

　そこで、監査の判断尺度が必要になる。監査の判断尺度とは、監査人が発見した事実（状況）について、適否を判断するときの基準であり、法令、各種ガイドライン、社内規程、業務マニュアルなどがこれに該当する。しかし、内部監査の場合には、さまざまな業務を対象にして監査を実施することから、必ずしもこのような判断尺度があるとは限らない。また、法令やガイドラインなどには、実施すべき事項（コントロール）の具体的な水準まで示されているとは限らない。

　このような場合には、内部監査人と経営者の間で、あるいは監査チーム内でどの程度の水準のコントロールが実施されるべきか、あるべき姿を明確にして

監査に臨む必要がある。

(3) 独立性と客観性の関係

　内部監査の独立性は、客観性を確保するために必要な要件である（図1.2）。極論をいえば、独立性が確保されていなくても、客観性が確保されていればよいのであるが、現実にはそれが難しいので、監査人あるいは内部監査の独立性が強く求められているのである。独立性および客観性は、監査手続を適切に実施し、適正な監査意見を表明するため必要不可欠な要素であることを忘れてはならない。

　ところで、内部監査人は、企業等に雇用されていることから、真の独立性を確保することは難しい。外部監査人であっても、監査報酬を得ているということから独立性を確保することが難しいのが現状である。内部監査人は、このような組織的な独立性を認識しつつ、精神的な独立性を確保し、客観的な監査を実施することが重要である。

　そこで、客観性を確保するためには、特に恩がある人物や嫌いな人物が監査相手になった場合には、恩がある人には何か問題があるのではないかというより慎重な姿勢で、嫌いな人には良い点があるのではないかという姿勢で監査に臨めば、バランスを保ちやすい。

1.5　内部監査人の要件

(1) 内部監査人に何が求められるか

　内部監査人は、客観的に実施し、公平な立場で監査意見を表明する必要がある。また、企業等の論理で、監査判断するのではなく、社会的に見て妥当かどうかを判断する必要がある。さらに、内部監査の場合には、企業等の運営を改善するような指摘・改善提案を行うことも求められている。

　そこで、内部監査人には、次のような要件が必要になる。

　① 倫理観

　　監査判断を行う場合には、法令・ガイドラインだけでなく、人道的、倫理的に考えて妥当かどうかを判断する能力が必要である。

② **公平性・客観性**

　　偏った監査判断や、主観的、感覚的に判断してはならない。

③ **社会的な感覚・常識**

　　企業等の論理だけで監査判断を行わないように社会的感覚や、常識を身につける必要がある。つまり、顧客の立場から業務の妥当性を監査する能力も必要である。

④ **バランス感覚**

　　重箱の隅を楊枝でほじくるような指摘ではなく、経営者目線での指摘・改善提案を行ったり、上司と部下、本社と事業所というように両方の視点から見たりして監査判断を行う能力が必要である。

⑤ **探究心**

　　発見した問題点等の原因究明を行う探究心が必要である。「なぜ？」を繰り返して原因を究明する能力が必要である。

⑥ **思いやり**

　　監査対象の相手に対する思いやりも重要である。企業等の運営を改善するためには、どのようにすれば顧客や取引先に喜ばれるか、業務の効率が向上し仕事が楽になるかという視点も必要になる。

⑦ **誠実性**

　　誠実に監査業務を行うことは、内部監査人にとって当然のことながら必要である。

内部監査人に向かない人材

　内部監査では、監査対象の問題点を指摘するとともに必要な改善提案を行わなければならない。したがって、他者の仕事を指摘することが苦手な者や、指摘だけして改善提案をうまく行えない者（ケチをつけるのが好き

で建設的なことを述べるのが苦手な者）は、内部監査人に向かない人材だといえる。また、探究心が旺盛なのはよいが、監査目的から外れた事項に立ち入ろうとしたり、個人的な興味で資料を求め質問したりする者は、内部監査人に向かないといえる。

(2) IIA 倫理綱要

企業等のグローバル化が進んでおり海外拠点や海外子会社の監査を行うことも少なくない。そこで、新任の内部監査人は、IIA 倫理綱要についても理解しておく必要がある。IIA 倫理綱要では、以下の諸原則が求められている。

① **誠実性**

誠実に監査業務を行うこと。

② **客観性**

客観的に監査判断すること。

③ **秘密の保持**

監査で知り得た秘密を保護すること。

④ **専門的能力**

監査業務を適切に遂行するために必要な専門性を身につけること。

CIA（公認内部監査人）に必須となった倫理研修

CIA の資格を維持するためには、CIA としてのスキルを維持向上するために、継続教育（CPE）を受けることが義務づけられている。内部監査に従事している CIA は年間で 40 CPE 単位（1 CPE 単位＝ 50 分）を取得しなければならない。CPE 単位を取得するためには、IIA や一般社団法人日本内部監査協会が主催する研修会やカンファレンスに参加したり、書籍や記事の執筆・投稿などを行ったりする必要がある。その中に、倫理研修を毎年 2 時間受講することが 2018 年から義務づけられた。内部監査人の

社会的な役割の高まりとともに、倫理が重視されていることを認識し、内部監査人としてのプライドをもつようにすることが大切である。

1.6　専門職的能力と注意義務

(1)　専門職としての能力

　監査は、「証明すること」が仕事であり、企業等におけるさまざまな業務の中でも特異な業務である。そこで、業務を遂行するという能力ではなく、行われている業務の適切性を証明できる能力が必要になる。そのため、内部監査人には、業務に関する知識・スキル、マネジメントに関する知識・スキルに加えて、監査に関する知識・スキルが必要になる。

　なお、IIA 国際基準では、「1210─熟達した専門的能力」において、「内部監査人は自らの職責を果たすために必要な「知識・技能およびその他の能力」を備えていなければならない。内部監査部門は、部門の責任を果たすために必要な「知識・技能およびその他の能力」を、部門総体として備えているかまたは備えるようにしなければならない。」と定めている。

　内部監査人は、IIA 国際基準の意味を踏まえて、日々専門的能力の向上に努める必要がある。ただし、一人の内部監査人がすべての能力・スキルを身につけることは、現実には難しいことから、部門総体、つまり内部監査部門や内部監査チームとして能力を備えるようにすればよい。例えば、監査目的に応じて、営業経験者、工場経験者、経理部門経験者、人事経験者などをバランス良く組み合わせた監査チームを編成することが重要である。

(2)　専門職としての正当な注意

　内部監査人には、専門職としての注意義務が求められている。IIA 国際基準では、「1220─専門職としての正当な注意」として、「内部監査人は、平均的にしてかつ十分な慎重さと能力を備える内部監査人に期待される注意を払い技

能を適用しなければならない。専門職としての正当な注意とは、全く過失のないことを意味するものではない。」と定めている。

　また、一般社団法人日本内部監査協会「内部監査基準」の3.2.2では、「内部監査人としての正当な注意とは、内部監査の実施過程で専門職として当然払うべき注意であり、以下の事項について特に留意しなければならない。」としている。そして、留意すべき事項として次の事項を具体的に示している。

「①　監査証拠の入手と評価に際し必要とされる監査手続の適用

②　ガバナンス・プロセスの有効性

③　リスク・マネジメントおよびコントロールの妥当性および有効性

④　違法、不正、著しい不当および重大な誤謬のおそれ

⑤　情報システムの妥当性、有効性および安全性

⑥　組織体集団の管理体制

⑦　監査能力の限界についての認識とその補完対策

⑧　監査意見の形成および内部監査報告書の作成にあたっての適切な処理

⑨　費用対効果」

　これらの中で、費用対効果を取り上げていることに注意するとよい。経験の浅い内部監査人は、あるべき姿だけを求めて、費用対効果の観点から実現が難しい改善提案を行ってしまうことがある。リスクの大きさと、費用対効果を考えた改善提案を行うことが重要である。

　もちろん、監査対象のコントロールがリスクの大きさと費用対効果を考えたものであるかを確かめて、オーバーコントロール（過剰なコントロール）があれば、改善するように提案できる能力も必要である。

正当な注意を果たしていない事例

　食品偽装の事件が世の中を騒がせたときに、ある企業が事実の調査を行ったそうである。東京の本社から大阪の事業所まで行って、インタビューしただけで問題がないと発表したが、これについて皆さんは、どのように

考えるだろうか。書類はチェックしなかったのか、作業現場は見なかったのか、というような疑問が生じると思う。このような杜撰な調査は、正当な注意を果たしたものとは言い難い。

1.7　三様監査と内部監査

(1)　三様監査

　一般の従業員は、内部監査と、公認会計士監査、監査役監査の違いがわからずに、監査に対して何となく不安を感じることが少なくない。さらに、税務調査との違いも理解していないことがある。監査の種類によって、監査を受ける側は、異なった監査対応を行う必要がある。経営者も監査の種類によってその目的が異なることを理解する必要がある。そこで、内部監査人は、さまざまな監査について、その目的を的確に説明し、内部監査に協力することの意義を説明できるようにしておくとよい。こうした監査対象部門や経営者に対する説明は、内部監査を円滑に遂行するうえで重要である。

　日本における監査は、**図1.3**に示すような3種類の監査があり、三様監査と呼ばれている。

(2)　外部監査

　外部監査とは、会計監査人(公認会計士、監査法人)による監査のことであり、以下のように法令で定められた監査である。内部監査が任意監査であるのに対して、外部監査は法定監査であるという特徴をもつ。

① 　会社法(第396条)で定められた「株式会社の計算書類及びその附属明細書、臨時計算書類並びに連結計算書類」の監査

② 　金融商品取引法(第193条の2第1項)で定められた「貸借対照表、損益計算書その他の財務計算に関する書類で内閣府令で定めるもの」の監査および内部統制報告書の監査(第193条の2第2項)

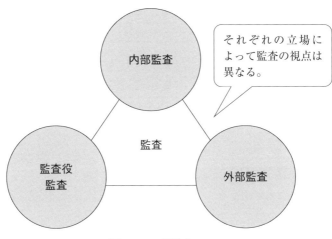

図 1.3 三様監査

公認会計士法では、「公認会計士は、監査及び会計の専門家として、独立した立場において、財務書類その他の財務に関する情報の信頼性を確保することにより、会社等の公正な事業活動、投資者及び債権者の保護等を図り、もつて国民経済の健全な発展に寄与することを使命とする。」(第 1 条)と定められている。つまり、公認会計士は、財務に関する情報の信頼性確保が仕事であり、内部監査のように企業等におけるすべての業務を対象としているわけではない点に特徴がある。

(3) 監査役監査および監査等委員会監査

監査役設置会社において、株主総会で選任された監査役が実施するものであり、会社法(第 381 条)で定められている。また、監査等委員会設置会社では、監査等委員会が取締役等の監査を行うことが会社法(第 399 条の 2 他)で定められている。監査役監査や監査等委員会による監査も法令で定められている法定監査である。

会社法では、「監査役は、取締役(会計参与設置会社にあっては、取締役及び会計参与)の職務の執行を監査する。この場合において、監査役は、法務省令

で定めるところにより、監査報告を作成しなければならない。」(第 381 条)とされており、「監査役は、いつでも、取締役及び会計参与並びに支配人その他の使用人に対して事業の報告を求め、又は監査役設置会社の業務及び財産の状況の調査をすることができる。」(同第 2 項)と定められている。

　監査役が取締役の職務の執行を監査するのに対して、内部監査は、各部門の業務を監査するという違いがある。

(4) 三様監査の落とし穴

　内部監査と、公認会計士、監査役(監査等委員会)とは、監査の目的や監査対象領域に違いがあるものの、監査という共通項がある。しかし、最終的には企業等を健全なものにして、企業等を継続させるという意味では、同じ目的をもっていると考えることができるので、相互に連携して監査を行うことが重要になる。

　しかし、監査役や監査等委員会には、スタッフが少ないので、監査役や監査等委員が自ら監査を行うことには限界がある。そこで、内部監査部門を活用しようと考えている企業等がある。公認会計士は、組織体内部の情報(会計処理上の課題など)を収集するために、内部監査の活動状況や監査報告書などの情報を活用しようと考えている。もちろん内部監査人にとっても、監査役や監査等委員会の監査結果やニーズ、公認会計士監査での指摘事項や懸念事項などを把握し、内部監査の改善に役立てることが重要になる。

　他の監査との連携では、三者それぞれにとって有意義な連携となるように、内部監査から監査役や監査等委員会、あるいは公認会計士への一方的な情報提供ではなく、相互の情報交換が重要であることに留意しなければならない。

1.8　三線防御と内部監査

　三線防御(three lines of defense)は、IIA が提唱したフレームワークであり、企業等におけるガバナンスを確保するための仕組みである。事業所等の第一線

において業務を適切に処理する仕組みを整備・運用し、管理部門(第二線)が第一線の実施状況をチェックする仕組みを整備・運用する。内部監査部門は、第二線および第一線が適切に管理の仕組みを実施しているかを点検・評価するというフレームワークである。

このモデルについては、わかりやすいという評価がある一方、限定的で制約が多すぎるという声があり、IIA が現在見直しを行っているところである。見直しに際しては、パブリックコメントが募集され(2019 年 9 月 19 日締切)、その際の説明資料によれば、次のように結論づけている。「3 つのライン・モデルは、ディフェンス、リスク・マネジメント、コントロールおよび価値の保全に専念して悪いことが起こるのを防ぐというよりは、<u>組織体の成功と価値の創造を達成</u>するための全般的な取組に役立つものと考えられます。これには、組織体に合わせて柔軟性と慎重な調整を可能にする、より統合されたアプローチが必要です。」(http://www.iiajapan.com/pdf/iia/info/201907_3LOD_Support_Document.pdf より。下線は筆者)。

新任の内部監査人は、三線防御のフレームワークや見直しの動向についても理解しておくとよい。

守秘義務の問題

監査では、通常見ることができない部門・業務を見ることがある。秘書部門、総務部門、人事部門、研究開発部門などでは、役員に関する情報、反社会的な勢力への対応、人事情報、研究開発情報などさまざまな情報に接することになる。興味本位でこのような部門に往査しようとした内部監査人の話を聞いたことがあるが、このような内部監査人は、守秘義務の視点から問題になる可能性があるので、注意が必要である。また、内部監査人の育成の際には、守秘義務についても十分に指導する必要がある。

第2章
内部監査の特徴と基準

2.1　内部監査の特徴

(1) 内部監査はすべての部門・業務を監査

　内部監査は、すべての部門・業務を監査対象にしているが、監査を実施しやすい部門・業務がある。例えば、販売業務や調達業務などは、日々業務処理を行っており、社内規程や業務マニュアルなどが整備されていることが多いので、監査を行いやすい。一方、企画業務については、日常業務を行っているのではなく、企画立案などが中心であり、定形の業務マニュアルが策定されていることが少ないので、監査を行いにくい。また、事業所は、顧客と接しており実際に販売業務を行っているので監査を実施しやすいが、本社部門は、企画・管理業務が中心なので監査を実施しにくい。

　連結経営やグループ経営が一般的になっており、子会社も監査対象として内部監査を実施するので、すべての子会社やグループ会社も監査対象として考える必要がある。しかし、企業によっては子会社やグループ会社が非常に多数存在し、限られた内部監査人がすべての子会社やグループ会社を監査することが難しい場合がある。この場合には、重要度の高い子会社やグループ会社に絞って監査を行うことになる。

　内部監査には聖域がないと言われているのは、監査を実施しない業務・部門で問題が生じている恐れがあることが理由である。内部監査人は、監査を実施していない業務や部門が生じないように留意する必要がある。

　なお、経験の浅い内部監査人は、監査を実施しやすい業務や部門を対象にして監査を行いがちであるが、このような内部監査を行っていると、監査を受けない業務・部門が発生することになる。つまり、目の行き届かない業務や部門が発生し、その結果、大きな問題が発生する可能性が残ってしまう。

（2）　内部監査人は会社の強み弱みを熟知

　内部監査には聖域がなく、すべての業務や部門を監査するので、企業内のどこに脆弱な部分があるのかがよくわかる。業務プロセスのどこにどのような不備があるのか、管理が優れた部門はどこか、管理の不十分な部門はどこかなどについて、よく知っているのが内部監査人である。

　例えば、内部監査人は、監査を通じてお客様のクレームの多寡、購買処理のスピード、外部委託業務における問題点、IT 人材や経理人材の不足、人手不足、営業管理の不備などを把握できる。

　このような内部監査人の優位性に気がついている経営者は、多くはないのが現状だといえる。優れた経営者であれば、内部監査人のこのような優位性を理解して、経営管理に活用するはずである。

（3）　内部監査人には高度・広範な知識が必要

　内部監査は、社内のすべての業務・部門を監査対象としていることから、高度で広範な知識が必要になる（図2.1）。

　例えば、販売業務を監査する場合には、販売業務マニュアルの内容を理解しておくことはもちろん、販売業務がどのようなプロセスで行われているのか、販売している商品やサービスはどのような内容なのか、販売業務に係る法令やガイドラインにはどのようなものがあるのかなどの業務知識が必要になる。また、販売チームや販売部門の管理に関する知識も必要になるし、業績評価の知

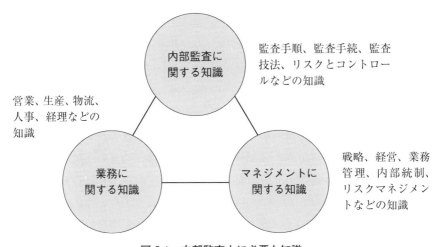

図2.1 内部監査人に必要な知識

識も必要である。さらに目標管理の仕組み、マーケティングの手法なども必要である。これ以外にも、販売情報システムに関する知識も必要になる。

(4) 財務情報だけが監査対象ではない

監査というと公認会計士監査を連想する方が少なくない。しかし、公認会計士が行う監査は、内部監査人が行う監査とは大きく異なる。公認会計士は、前述（**1.7節**）のように財務情報の信頼性の確保が使命となっている。

これに対して、一般社団法人日本内部監査協会「内部監査基準」では、「第1章　内部監査の本質」において、「内部監査とは、<u>組織体の経営目標の効果的な達成に役立つことを目的として</u>、合法性と合理性の観点から公正かつ独立の立場で、ガバナンス・プロセス、リスク・マネジメントおよびコントロールに関連する経営諸活動の遂行状況を、内部監査人としての規律遵守の態度をもって評価し、これに基づいて客観的意見を述べ、助言・勧告を行うアシュアランス業務、および特定の経営諸活動の支援を行うアドバイザリー業務である。」（下線は筆者）と定めている。

つまり、内部監査は、「組織体の経営目標の効果的な達成」のために行われ

る業務である。経営目標を効果的に達成するためには、財務情報の信頼性の確保が必要であるが、財務情報という限定された情報だけを対象にするでわけではなく、非財務情報を含めてすべての情報が対象になる。

(5) 正確性・信頼性だけを監査するわけではない

　公認会計士は、財務情報の信頼性に注目して監査を行うが、内部監査人は、それ以外に、財務情報が効率的に収集され処理されているかについても関心をもって監査を行う必要がある。例えば、経理部員が 10 人で財務諸表を作成するよりも、8 人で作成できる業務プロセスに改善できないか、無駄な作業を行っていないか、IT 化によって業務効率を向上することができないかという視点からも監査を実施する。

　また、内部監査人は、財務情報が経営管理や業務管理で有効に活用されているかという視点からも監査を行う。企業等では、予算対実績管理表や案件ごとの利益管理表などさまざまな管理資料（管理画面）があるが、内部監査人は、これらを有効に活用して業務管理を行っているかチェックする。有効に活用されていない場合、内部監査人は、管理資料（管理画面）に盛り込まれている情報が業務管理上役に立たない内容になっていないか、管理者が管理資料（管理画面）の活用方法を知らないのか、といった原因を究明し、改善提案を行う。

　以上のように、情報の有効性や効率的な情報収集・処理などにも注目しなければならない点に内部監査の特徴がある。

(6) 監査判断が難しい内部監査

　法令・ガイドラインや業務マニュアルどおりに業務が行われているかチェックする監査は、準拠性監査と呼ばれている。準拠性監査では、業務マニュアルで定められた事項が遵守されているかチェックする。例えば、受注であれば、販売マニュアルで定められたとおり受注伝票に記入したり、受注画面に定められた情報を入力したりしているかチェックする。販売マニュアルで定められたように入力されていなければ指摘し、販売マニュアルで定められた期限内に処

理が行われていなければ指摘することになる。

　このような準拠性監査では、業務マニュアルが業務の適切性に関する判断尺度になるので、内部監査人は、監査判断で大きく悩むことは少ない。

　一方、妥当性監査、つまり業務の有効性や効率性の判断になると非常に難しくなる。例えば、購買業務や経理業務を何人で行っていれば効率的なのかについて、どのように判断すればよいのだろうか。購買マニュアルで一人当たり何件の処理を行えばよいのかについての指標が定められていれば、判断を行いやすいがそのような指標が定められている購買マニュアルは、現実にはほとんどないのではないだろうか。

　また、有効に活用されているかという有効性の判断についても難しい。例えば、管理画面を1日何回照会しなければならないという指標があれば、監査判断を行いやすいが、そのような指標を示した業務マニュアルがないかもしれない。

　そこで、内部監査人は、どの程度の人数で業務を行えば効率的といえるのか、どの程度管理画面を利用すれば有効に活用しているといえるのかに関する判断尺度を自ら設定することが必要になる。

　このように、効率性の監査や有効性の監査では、内部監査人自らが、監査判断基準を設定する必要がある。この点に内部監査の難しさと楽しさがある。

2.2　内部監査に関する基準

　新任の内部監査人は、内部監査に関する基準を理解しておく必要がある。

(1) 一般社団法人日本内部監査協会の基準の体系

　一般社団法人日本内部監査協会が公表している内部監査に係る基準は、**図2.2** のように整理できる。内部監査基準と内部監査基準実務指針は、内部監査人の行為規範を定めたものであり、内部監査人が内部監査を実施するに際してどのような行為を行うべきかを定めたものである。内部監査基準は、原則を示

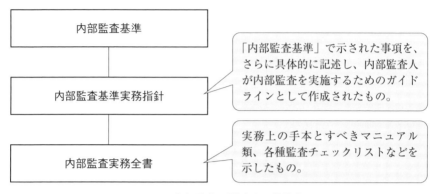

図 2.2　内部監査に関連する基準等

したものであり、内部監査基準実務指針は、その内容を具体的に記述したガイドラインである。

　ところで、内部監査を実施する際には、どのような視点から監査を実施すべきか参考になる基準が必要になる。いわゆる監査チェックリストが必要になる。また、監査計画書、監査報告書などを作成する際の参考となるひな型が必要になるが、それらを示したものが内部監査実務全書である。

(2) 内部監査基準の概要

　内部監査基準には、表 2.1 に示すような事項が記載されている。内部監査とは何かを理解するためには、第 1 章の「内部監査の本質」が重要である。内部監査は、公認会計士監査のように財務情報の信頼性が確保されているかに焦点を当てて監査するのではなく、「組織体の経営目標の効果的な達成に役立つこと」を目的としていることがわかる。この点を理解しておけば、内部監査の監査ポイントをどのように設定すればよいのかがわかる。

　なお、「内部監査の本質」において、次のように定められているので、参照されたい。

　「内部監査とは、<u>組織体の経営目標の効果的な達成に役立つことを目的</u>として、合法性と合理性の観点から公正かつ独立の立場で、ガバナンス・プロセス、

表2.1 内部監査基準の内容構成

章	節
内部監査の必要および内部監査基準の目的・運用	
第1章 内部監査の本質	
第2章 内部監査の独立性と組織上の位置づけ	第1節 内部監査の独立性と客観性 第2節 内部監査部門の組織上の位置づけ 第3節 内部監査人の責任と権限の明確化
第3章 内部監査人の能力および正当な注意	第1節 専門的能力 第2節 専門職としての正当な注意
第4章 内部監査の品質管理	第1節 品質管理プログラムの作成と保持 第2節 品質管理プログラムによる評価の実施 第3節 品質管理プログラムによる評価結果の報告 第4節 「基準に従って実施された」旨の記載 第5節 基準から逸脱した場合の報告
第5章 内部監査部門の運営	第1節 中・長期基本方針の策定 第2節 リスク評価に基づく計画の策定 第3節 計画の報告および承認 第4節 監査資源の管理 第5節 連携 第6節 内部監査業務の外部委託 第7節 最高経営者および取締役会への定期的な報告
第6章 内部監査の対象範囲	第1節 ガバナンス・プロセス 第2節 リスク・マネジメント 第3節 コントロール
第7章 個別の内部監査の計画と実施	第1節 内部監査実施計画 第2節 内部監査の実施
第8章 内部監査の報告とフォローアップ	第1節 内部監査結果の報告 第2節 内部監査報告書 第3節 内部監査結果の組織体外部への開示 第4節 アドバイザリー業務の報告 第5節 内部監査のフォローアップ
第9章 内部監査と法定監査との関係	

リスク・マネジメントおよびコントロールに関連する経営諸活動の遂行状況を、内部監査人としての規律遵守の態度をもって評価し、これに基づいて客観的意見を述べ、助言・勧告を行うアシュアランス業務、および特定の経営諸活動の支援を行うアドバイザリー業務である。」(下線は筆者)

(3) IIA の基準

専門職的実施の国際フレームワーク(International Professional Practices Framework：IPPF)は、内部監査人協会(The Institute of Internal Auditors：IIA)が公表している正式なガイダンスを体系化した「考え方(概念)のフレームワーク」である。

IPPF は、「内部監査の使命(Mission of Internal Audit)」(2015 年 7 月公表)、「必須のガイダンス(Mandatory Guidance)」および「推奨されるガイダンス(Recommended Guidance)」から構成されている。「必須のガイダンス」は、次のものから構成される。④については、**表 2.2** を参照されたい。

①　内部監査の専門職的実施の基本原則(2015 年 7 月公表)

②　内部監査の定義

③　倫理綱要

④　内部監査の専門職的実施の国際基準(「基準」)(2017 年 1 月改訂版)

また、「推奨されるガイダンス」は、「実施ガイダンス(Implementation Guides)」と「補足的ガイダンス(Supplemental Guidance)」から構成される。「実施ガイダンス」は、従来の「実践要綱(Practice Advisory)」に代わるものである。

これらの中で最もよく参照されるものは、上記④の「内部監査の専門職的実施の国際基準」だといえる。この国際基準は、属性基準と実施基準に大別されている。属性基準は、内部監査の目的や独立性、客観性について定められている。実施基準では、内部監査の実施手順を中心に定められている。最後に用語一覧が設けられているので、新任の内部監査人にとっては、内部監査に関する用語を理解するときに役立つ(**表 2.2**)。

表 2.2　内部監査の「専門職的実施の国際基準」の概要

項　　番	内　　容
属性基準	
1000	目的、権限および責任
1100	独立性と客観性
1200	熟達した専門的能力および専門職としての正当な注意
1300	品質のアシュアランスと改善のプログラム
実施基準	
2000	内部監査部門の管理
2100	業務（WORK）の内容
2200	内部監査（アシュアランスおよびコンサルティング）の個々の業務に対する計画の策定
2300	内部監査（アシュアランスおよびコンサルティング）の個々の業務の実施
2400	結果の伝達
2500	進捗状況のモニタリング
2600	リスク受容についての伝達
用語一覧（Glossary）	

2

内部監査の特徴と基準

第3章
内部監査の進め方

3.1　内部監査のプロセス

　新任の内部監査人は、監査という業務がどのように行われるのかについて、当然のことながらほとんど知らないのが現実である。監査を受ける側として対応したことがある者は、監査実施通知書を読んだり、予備調査での資料提出作業にかかわったりしたことがあるかもしれない。また、本調査で内部監査人から担当している業務内容についてインタビューを受けたり、書類の記載内容について質問されたりすることがあるかもしれない。しかし、このような経験も内部監査業務の一部分を知っているだけに過ぎない。本章では、内部監査がどのようなプロセスで行われているのかを説明する。

　内部監査は、**図3.1** に示すようなプロセスで行われる。年度監査計画で当該年度の監査案件を決定し、それにもとづいて個々の監査案件の具体的な計画を策定する。次に、監査対象の部門や業務に関連する情報を収集する予備調査を行い、それにもとづいて監査で何をどのような方法で調べるかをまとめた監査手続書を策定する。その後、監査対象部門に往査し関係者にインタビューしたり書類をレビューしたりして業務が適切に行われているかどうかの証拠を収集し、問題点が見つかれば指摘事項として監査報告書に記載し、改善提案を行う。

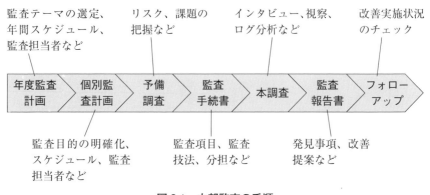

監査テーマの選定、
年間スケジュール、
監査担当者など

リスク、課題の
把握など

インタビュー、視察、
ログ分析など

改善実施状況
のチェック

年度監査
計画

個別監
査計画

予備
調査

監査
手続書

本調査

監査
報告書

フォロー
アップ

監査目的の明確化、
スケジュール、監査
担当者など

監査項目、監査
技法、分担など

発見事項、改善
提案など

図 3.1　内部監査の手順

さらに監査報告書を受けて、業務が改善されているかフォローアップする。フォローアップの結果は、経営者に報告する。

3.2　監査計画

　監査計画には、図 3.2 に示すように中長期監査計画、年度監査計画（年次監査計画）、個別監査実施計画がある。企業によっては、半期ごとの監査計画を策定しているケースがある。

(1) 中長期監査計画

　内部監査は、企業等の運営に関して価値を付加することを目的としていることから、中長期経営戦略（経営計画）の実現に貢献できるように中長期経営戦略との整合をとる必要がある。例えば、中長期経営戦略において重点商品・サービスの変更や、子会社を含む組織体制の変更、基幹系システムの更改などが計画されていれば、戦略を実現するためのアクションプランが策定され確実に実行されているか点検することが内部監査の役割として期待される。

　そこで、内部監査人は、中長期経営戦略で定められた各種施策が実現できないことをリスクとして捉えて、リスクに対する対応策が講じられ、それが運用

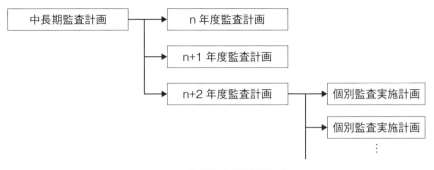

図 3.2　内部監査計画の体系

されているか点検・評価する。

　中長期監査計画においても、第4章で述べるリスクアプローチ（リスクの大きな領域を監査対象とするアプローチ）によって、監査案件を絞り込む。中長期経営戦略に関する資料においては、重要度の高い施策から順番に記載されていることが多いので、この順位を参考にしてリスク評価を行ってもよい。また、社長の年頭あるいは年度初めの挨拶などで何を強調しているのかを把握して、リスク評価を行う。さらに、社会動向に注目して、監査対象領域の重要度を検討するとよい。

(2) 年度監査計画

　年度監査計画では、中長期経営戦略（計画）にもとづいて策定した年度事業計画や予算などにもとづいて、監査対象領域を決定する。この際にも監査対象領域の重要度、つまりリスクを評価することになる。また、中長期監査計画にもとづいて、年度監査計画を策定する。

　年度監査計画では、監査対象領域（部門・テーマなど）の設定が最も重要である。中長期監査計画は、3年〜5年間の方針を示すことに力点が置かれ、内部監査の方向性を示したものといえるが、年度監査計画は、年間の監査の実行計画になるので、計画の具体性が必要になる。監査対象領域の良し悪しで監査の成否が決まるので、監査対象領域の選定に留意したうえで、次のような点に留

意して計画を策定するとよい。

① リスク評価を実施して、リスクの大きな領域を監査対象領域として設定する（リスクアプローチによる監査対象領域の決定）。

② リスク評価の際には、経営者の関心事は何か（経営者が喜ぶテーマは何か）を検討する。

③ 監査対象部門の関心事がどこにあるのか、部門計画等を入手して把握する。

④ 社内外の動向を把握し、企業等にとって何が重要なテーマなのかを考えてリスク評価を行う。

⑤ 難しい監査テーマを選定すると監査を上手く実施できないことがあるので、やさしい監査テーマを選定するとよい。

⑥ 実態を考えて監査テーマを選定しないと、監査を実施できないことがある。

⑦ 経営者や監査対象部門が理解しやすいテーマを選定する。つまり、実務的に意味のある監査テーマを選定する。

⑧ 証明のしやすさ（証拠を集められるか）についても考慮する。

⑨ 内部監査人の教育時間、フォローアップのための作業工数、特別監査のための作業時間など年間の監査資源を十分に配慮して策定する。

（3）個別監査実施計画

個別監査実施計画では、年度監査計画で決めた監査対象領域について、具体的な計画を策定する。企業によって、個別監査実施計画の書式や内容はさまざまであるが、次のような項目を記載することが多い。

① **監査目的**

年度監査計画に沿って監査目的を記載する。

② **具体的な監査対象領域**

監査目的を実現するうえで、点検・評価が必要な具体的な監査対象業務や部門などを記載する。

③　**重点監査項目**

監査目的を実現するうえで特に重点を置く監査項目を記載する。リスクの高い項目ともいえる。

④　**監査の視点**

法令・ガイドライン・業務マニュアルなどへの準拠性の視点から監査を行うのか、業務の効率性や有効性の視点から監査を行うのか、セキュリティの視点から監査を行うのか、信頼性や正確性の視点から監査を行うのか、などについて記載する。

⑤　**スケジュール**

監査実施通知書の送付、資料の提出締切日、予備調査、本調査（往査）実施日、監査報告書の作成、監査報告会などについて具体的な日程を記載する。

⑥　**監査実施責任者・担当者**

スケジュールに記載されたタスクや監査項目ごとに監査担当者を選任する。また、監査チームの責任者を記載する。

⑦　**他の監査との調整**

内部監査を会計監査、業務監査、コンプライアンス監査、システム監査などに区分して実施している場合には、それらとの関係、公認会計士監査や監査役監査、当局検査などとの関係などについて、考慮すべき事項があれば記載する。

⑧　**経費など**

出張費用や外部委託費用などが発生する場合には、その予算などを記載する。

⑨　**その他**

利用する監査ツール（監査ソフトウェア）、海外監査の場合には、通訳などについて記載する。

監査実施計画と監査部門計画

　年度監査計画の策定に際しては、監査テーマや監査対象部門をどのように決定するか、リスクアプローチをどのように行えばよいのか、監査スケジュールはどのようにすればよいかなど、監査の実施について関心が集まる。しかし、監査部門としてどのような体制にすべきか、監査環境をどのように整備すればよいのか、監査品質はどのように確保し改善すればよいのかなど、監査環境に関する計画や内部監査人の確保や育成に関する計画の策定も重要である。

　付加価値の高い内部監査を実現するためには、監査部門に関する計画も策定しなければならない。監査部門の目標設定も忘れてはならない。例えば、内部監査に BSC（Balanced Scorecard）などの管理手法を導入してもよい。そのためには、監査工数の分析なども必要になる。また、CAATs（AI を含む）を導入して内部監査の高度化を推進することも監査計画に盛り込むとよい。

3.3　予備調査

　予備調査の目的は、監査対象業務・部門の現状や課題を把握することである。つまり、どこにどのようなリスクがあるかを把握し、監査手続書の作成や本調査に活かしていくことを目的にしている（図3.3）。そこで、監査対象業務・部門を幅広い視点からチェックする必要がある。つまり、監査対象領域について、担当者の視点で細かい点を調べるのではなく、一段高い視点から、つまり経営者や管理者の立場から俯瞰することが重要である。

　予備調査では、次のような視点から現状の課題（リスク）を把握するとよい。

　　①　業務や部門の概要

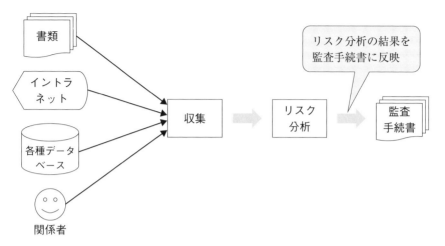

図 3.3　予備調査と監査手続書の関係

　経営目標・部門目標・業務目標、課題などを理解する。

② 　企業活動における重要性(当該部門の使命や業務の使命)

　組織における役割、業務が停滞・遅滞するとどのような問題が生じる
か、などを把握する。

③ 　外部委託の状況

　外部委託の有無、委託業務の内容、派遣社員・パートタイマー・アル
バイトなどの採用状況を把握する。

④ 　社内の評判

　業務処理(社内・社外)の内容、品質、スピード、関係部門との協力関
係などを把握する。

　ところで、わが国の内部監査人は、企業に長く在籍していることが多いので、
監査対象部門の部門長、管理者の人柄を知っていることが多い。このような情
報も内部監査を実施するうえで、重要な要素になる。攻めの部門長・管理者な
のか、守りの部門長・管理者なのかを把握するとよい。また、経理に詳しい部
門長・管理者なのか、コンプライアンス意識の強い部門長・管理者なのかによ
って組織の文化は大きく異なる。攻めの部門長・管理者の場合には、守りの部

3
内部監査の進め方

表 3.1　予備調査で入手する資料の例

分　　類	資料の例
規程・マニュアル	業務分掌、職責権限表、社内規程、業務マニュアルなど
体制	組織図、業務分担表、在籍年数など
計画	部門計画、部門事業報告など
会計	予算対実績管理表、原価分析資料など
管理表	管理日報、案件管理表、クレーム対応表、事故報告書など

分が弱くなる可能性が高いし、守りの部門長・管理者の場合には、効率性や有効性の面で課題があるかもしれない。このような点に注意して、予備調査を実施するとよい。

なお、予備調査では、表3.1 に示すような資料を入手するとよい。

3.4　監査手続書

監査手続書は、何を（監査項目・監査要点）、どのように調べるのか（監査技法）を記載したものである（図3.4）。監査項目・監査要点は、監査で証明したいことであり、要証命題とも呼ばれる。また、監査技法は、監査項目・監査要点を証明するための技法のことであり、インタビュー、書類のレビュー、視察（観察）、再実施（テスト）などがある。

監査手続書の作成に際しては、次のような点に留意する必要がある。

①　監査項目は、監査目的に適合したものでなければならない。

②　監査技法は、監査項目に応じて、適切なものを選択する必要がある。

③　監査調書との連携も考慮する（番号付けなど）。

なお、監査手続書に、監査手続の実施予定日・実施日、予定および実績作業工数、監査担当者を記載しておけば、監査業務の進捗管理にも利用できる。

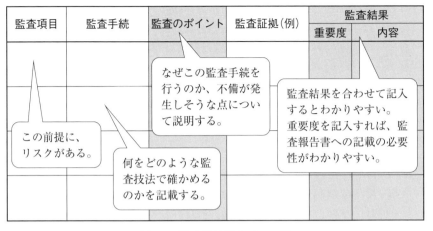

図3.4 監査手続書のイメージ

3.5 本調査(監査調書)

本調査は、監査手続書に沿って、監査証拠を入手するために行われる。したがって、インタビュー記録を残したり、資料のコピーを入手したりする必要がある。また、視察の場合には、写真を撮っておく必要がある。さらに再実施(テスト)の場合には、その結果の記録が必要になる。例えば、入力画面で行われるデータチェックで、エラーメッセージが表示されたときには、画面のスナップショットやハードコピーを取得しておく必要がある。

監査手続書に沿って監査手続を実施した記録を監査調書として残すことを忘れてはならない。監査調書は、監査意見(指摘事項や改善提案)を表明するための裏付けになるからである。また、監査調書は、監査手続書との関係がわかるように整理する必要がある。監査手続書の監査手続に番号を付してそれを監査調書に記載する方法でもよいし、監査手続書に監査結果の欄を設けて、監査調書として利用する方法もある。この場合には、監査証拠に番号を付してファイリングする必要がある。

監査調書の作成で留意しなければならないのが、監査対象部門から入手した

内部監査の進め方

電子データの取扱いである。電子データの場合には、入手過程を明確にしておかなければならない。誰がどのようなプロセスで入手したのか、特にデータの作成日付に注意する必要がある。データの作成日を間違えてしまうと、監査証拠として役立たないし、誤った監査判断を行うことがあるからである。

　本調査の過程で、重大な問題点が明らかになった場合には、当初の個別監査実施計画を見直して、監査対象領域を拡大して監査を実施する場合がある。この際には、監査部門長の承認を得たうえで、個別監査実施計画の見直しを行うことになる。

　ところで、業務改善型の監査を実施している場合には、発見された問題点について、原因究明を行うために監査項目を拡大する場合がある。このような場合には、監査手続書に監査項目を追加したり、監査スケジュールの見直しなどが行われたりすることがある。また、スケジュールどおりに監査が進まない場合には、監査項目の見直しを行うこともある。

　なお、本調査では、監査報告書にどのようなイメージで記載するかについて考えておけば、効率的に本調査を行うことができる。例えば、予備調査の段階で「事業所の一元的な管理が行われない」という問題点をある程度把握できれば、事業所別の管理状況を一覧表にして、管理のばらつきや問題点を示すことができる。本調査では、事業所別にどのような事項を調べればよいのかがわかるので、効率的に本調査を実施することができる。

3.6　監査報告書

　本調査の結果をまとめたものが監査報告書であり、経営者に監査の結果を報告するために作成する。監査報告書の作成に際しては、**表 3.2** に示すような点に留意する。

　経験の浅い内部監査人は、監査報告書の作成に慣れていないことから、監査での発見事項と監査意見を混同してしまうことがある。事実は何か、発見された事実に対する監査人の意見（良いのか悪いのか）を整理して監査報告書に記載

表3.2　監査報告書作成のポイント

項　　目	内　　容
事実にもとづく判断 （監査意見の表明）	• 監査証拠にもとづく判断 • 客観性、公平性、社会常識にもとづく判断
重要性にもとづく判断	• リスクの大きさ（影響の大きさ、発生可能性）にもとづく判断 • 経営の視点からの判断
わかりやすい監査報告書の作成	• 明瞭性 • 簡潔性 • 理解しやすさ • 正確性 • 実現可能性 • 経営上の重要性
役立つ改善提案	• 改善のメリット • 実行可能性（技術的可能性、スケジュール、対応費用など）

3

内部監査の進め方

する必要がある。

　また、改善提案を行う場合には、何をどのように改善すべきなのかを明確にするとともに、改善責任部門を明確にする。このようにしておけば、フォローアップのときに役立つ。改善期限については、フォローアップの時期を踏まえて決めるとよい。例えば、2月にフォローアップを行う場合、「年度内（3月まで）に改善する」という回答をもらっていたのでは、2月のフォローアップ時に改善されていなくても指摘することができない。このような場合には、「年内（12月）に改善する」という回答をもらうようにするとよい。つまり、回答書については、改善提案との整合性、回答内容の妥当性（改善責任者、改善時期、改善方法などが明確か）、フォローアップでの確認のしやすさについてチェックする。

　ところで、監査報告会の出席メンバーについても工夫するとよい。監査報告書は経営者に説明することになるが、監査報告会では、監査対象部門の部門長や管理者に出席してもらう。その際、教育の意味を含めて、若手の社員を参加させることもある。

3.7　フォローアップ

　フォローアップの目的は、改善状況をチェックし、確実に改善が行われるようにする仕組みである。内部監査の目的は、指摘や改善提案を行うことではない。最終的に業務改善や経営改善につながるようにすることが内部監査の目的である。つまり、改善されることによって、監査本来の付加価値が生まれることになる。

　フォローアップは、新たな監査を行うことが目的ではなく、監査対象部門から受領した回答書の内容が確実に実施されているか確かめることにある。したがって、回答書に記載されている事項に限定して改善状況を確かめる。

　なお、フォローアップもあらかじめ年度監査計画に盛り込んでおくことも必要である。年度監査計画にフォローアップを盛り込んでおかなければ、監査資源が不足して大きな作業負荷になる可能性があるからである。

　なお、フォローアップを的確かつ効率的に実施するために、**表 3.3** に示すようなフォローアップ管理表を作成するとよい。

表 3.3　フォローアップ管理表の例

No.	改善提案（指摘事項）	監査対象部門からの回答	改善状況
1	社員教育が計画的に行われていないので、一部の社員に偏って実施されている。この結果、知識不足による事務処理ミスが発生している。社員の経験・スキル、業務上の必要性を踏まえて社員教育を実施するように改善する必要がある。	社員の経験・スキル、業務上の必要性を踏まえた教育計画を策定し、これにもとづいて、社員教育を実施する。	教育計画および教育実施記録をレビューするとともに、教育責任者にインタビューして、回答どおり改善されていることを確認した。
2	廃棄書類と保管書類の区分が曖昧だったために、書類の誤廃棄が発生している。書類の管理体制および管理方法を改善する必要がある。	廃棄書類の管理に関するマニュアルを作成するとともに、管理責任者を明確にして、マニュアルに沿った運用を実施する。	廃棄書類の管理に関するマニュアルをレビューするとともに、管理責任者にインタビューして、回答どおり改善されていることを確認した。
⋮	⋮	⋮	⋮

第4章
リスクアプローチ

4.1　リスクとは何か

リスクには、さまざまなものがあり、人によってリスクの捉え方が異なる。金融業界の内部監査人は、為替レートの変動や株価の変動、貸倒れリスクなどをイメージするかもしれないし、事業会社の内部監査人は、事故、火災、品質不良、納期遅れなどをイメージするかもしれない。

内部監査人は、リスクについて幅広く考えるようにすることが重要である（**表4.1**）。特に子会社監査を行う場合には、親会社と異なる事業活動を行っていることがあるので、親会社におけるリスクをイメージしていると、重要なリスクを見落とすことになるので、注意しなければならない。

4.2　固有リスクと残余(残存)リスク

リスクは、固有リスクと残余リスクに整理することができる。固有リスクは、リスク対策(コントロール)が講じられる前のリスクの大きさのことである。また、残余リスクは、コントロールを講じた後のリスクの大きさである（**図4.1**）。

例えば、火災というリスクを考えると、難燃性のカーテン、火災報知機、ス

表 4.1　リスクの種類（例）

種　　類	内　　容
戦略リスク	戦略目標が達成されないリスク
事業リスク	事業が失敗するリスク
オペレーショナルリスク	業務処理、業務運営が失敗するリスク
財務リスク	財務状況が悪化するリスク
ディスクロージャーリスク	財務報告の虚偽記載のリスクや、リコール、不祥事などの情報開示が適切に行われないリスク
市場リスク	為替レートや原材料の市場価格の変動によって損失を被るリスク
法的リスク、コンプライアンスリスク	法規制、企業の行為規範などに反するリスク（過失、故意の両方を含む）
IT リスク	システム開発の目的が達成されないリスクやシステム障害などのリスク。「IT ガバナンスを確立できないリスク」ともいえる。
災害リスク	地震、風水害、雷害などの自然災害と、破壊・犯罪・テロなどの人的な災害

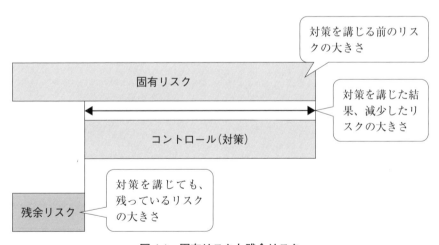

図 4.1　固有リスクと残余リスク

プリンクラーなどのコントロールを講じる前のリスクを固有リスクという。一方、これらのコントロールを講じた後に残るリスクを残余リスクという。

固有リスクと残余リスクの差が小さい場合には、コントロールがリスクを低減するうえで有効ではないことを示す。また、固有リスクと残余リスクの差が大きい場合には、コントロールが重要だということであり、それが有効に活用されているかが重要になる。

固有リスクと残余リスクをどのように捉えるか？

固有リスクと残余リスクの関係は、火災というリスクを考えてみるとわかりやすい。難燃性の材質の使用、可燃物の持ち込みを禁止、火災報知機やスプリンクラーの設置などの防火対策を講じていない状態のリスクが固有リスクである。防火対策を講じることによって、リスクの大きさは低減するが、対策を講じた後のリスクを残余リスクという。

しかし、防火対策というコントロールがあってもそれを遵守しないことがある。例えば、ルールを守らずに、違法建築を行ったり、可燃物を持ち込んだりすることもあれば、火災報知機のスイッチをオフにしていることがある。このような場合には、コントロールが有効に機能しないことになり、火災が発生した場合に大きな損失が発生する。

大きな固有リスクに対してコントロールを構築して残余リスクが小さくなっている場合には、コントロールが適切に実施されているかが重要になる。内部監査人は、このような視点から固有リスク、残余リスクを捉えるとよい。

4.3 リスクアプローチとは何か

内部監査部門の人数には限りがある一方で、内部監査の対象業務・部門は膨

大である。大企業になると子会社が数百社に及ぶことも少なくない。また、国内だけでなく海外にも事業所や子会社を展開している。しかし、内部監査人の増員を求めても十分な要員を獲得することは難しい。限られた内部監査人を有効かつ効率的に活用するためには、ポイントを絞って監査を行う必要がある。つまり、重要度の高い部門や業務を対象にして監査を実施し、重要度が相対的に低い部門や業務については、監査対象から外すという方法である。

　重要度は、経営上の重要度のことであり、経営や業務に係るリスクの大きさのことである。金額、取引件数、従業員数、パートタイマーやアルバイトなどの人数、取り扱う情報の種類（個人情報、機密情報）、事業の種類（新規事業か既存事業か）、コンプライアンス上の重要性などの視点から総合的に評価する。

　このように監査対象領域を絞る方法がリスクアプローチである。リスクアプローチは、図 4.2 に示すようなステップで行う。

　なお、一般社団法人日本内部監査協会「内部監査基準」では、リスクアプローチについて次のように定めている。

　「5.2.1　内部監査部門長は、組織体の目標に適合するよう内部監査実施の優

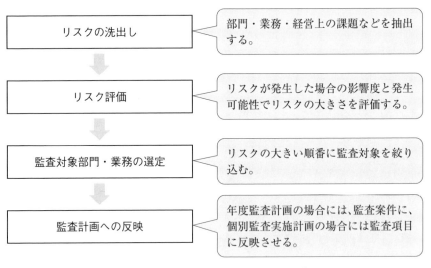

図 4.2　リスクアプローチのステップ

先順位を決定すべく、最低でも年次で行われるリスク評価の結果に基づいて内部監査計画を策定しなければならない。なお、リスク評価のプロセスにおいては、最高経営者および取締役会からの意見を考慮しなければならない。」（下線は筆者）

　また、IIA 国際基準では、「2010 ―（内部監査部門の）計画の策定」において次のように定めている。

　「内部監査部門長は、組織体のゴールと調和するように内部監査部門の業務の優先順位を決定するために、リスク・ベースの監査計画を策定しなければならない。」（下線は筆者）

4.4　リスク評価の進め方

（1）　リスクの洗出し（リスク分析）

　リスクの洗出しは、リスク評価の対象となる部門・業務・テーマを抽出することである。リスクの洗出しはリスク分析ともいわれるが、この作業において、監査対象の候補としてどのような部門、業務、テーマ、子会社があるかを洗い出す。リスクの洗出しの際には、社内の主要部門、社内の主要業務、主要子会社などをピックアップするとともに、内部監査で指摘の多い事項、公認会計士監査での指摘事項、税務調査で指摘事項などを監査テーマとして抽出する。さらに、経営戦略や事業計画で取り上げられている施策を監査テーマとして抽出する。

　リスクの洗出しは、一人で行うのではなく、チームで行うとよい。会計監査、業務監査、子会社監査、システム監査、コンプライアンス監査など各監査の担当者を含めて洗出し作業を行い、大きな見落としがないようにする。

（2）　リスク評価の対象

　リスクの洗出しの結果、抽出された項目が、リスク評価の対象となる。具体的には、次のような対象がある。リスク評価では、切り口の異なる項目を混在

4

リスクアプローチ

させてリスク評価を行う。

① 事業部、部門、子会社など

② 業務（例えば、営業、生産、物流、調達、人事、経理）

③ テーマ（例えば、個人情報保護、車両管理、知的財産権管理、販売手数料）

(3) リスク評価の方法

リスク評価の対象について、リスクが大きいか小さいかを評価することになるが、評価視点にはさまざまなものがある。例えば、次のような視点で行うとよい。なお、これらの評価視点は、小売業、製造業、金融機関など業種によって異なるので注意が必要である。

① 売上高、利益、債権額

② 従業員数（パートタイマー、アルバイト、派遣社員を含む）

③ 人事異動（頻度、管理者・熟練者の異動など）

④ 離職率（特に新卒者の離職率）

⑤ 顧客数、取引件数

⑥ 事業内容

⑦ 取り扱っている情報の重要性（個人情報、機密情報、支払情報など）

⑧ 車両の保有台数

⑨ カントリーリスク

これらの項目について、それぞれ大きさを評価することになるが、影響度と発生可能性の両面から評価する。数値化した評価は現実には難しいので、大・中・小の3段階で評価したり、5段階で評価したりすることが多い（図4.3）。なお、図4.3では、便宜上、影響度と発生可能性に区分したリスク評価にしていない。

	売上高 (金額)	顧客数	従業員数	…	計
○○Ａ事業部	5	3	2	…	40
△△事業部	3	1	1	…	20
□□事業部	3	5	3	…	30
⋮	⋮	⋮	⋮	⋮	⋮
▽▽子会社	3	3	3	…	25
☆☆子会社	1	1	1	…	10
⋮	⋮	⋮	⋮	⋮	⋮
固定資産管理	3	－	3	…	15
販売手数料管理	5	5	3	…	35
⋮	⋮	⋮	⋮	⋮	⋮

図 4.3　リスク評価のイメージ

4.5　リスクアプローチの留意点

（1）監査の実施状況の考慮

リスクアプローチでは、規模の大きな部門や取扱額の大きい業務のリスクが大きく評価される。そのため毎年同じ部門や業務が監査対象として選定されることになる。そこで、「監査が行われない」ことをリスクとして捉え、前回監査からの経過年数をリスク評価項目に加えるなどの工夫が必要になる。

このようにリスクアプローチを行う場合には、リスクの評価視点を見直すことも忘れてはならない。リスク評価の結果に不備があれば、監査対象を適切に選定できないという監査リスクが存在することに留意してリスクアプローチを行う必要がある。

（2）詳細に行い過ぎない

リスクアプローチは、詳細に行おうと思えばいくらでも詳細に行うことができる。ややもすれば、時間をかけて厳密なリスク評価を行おうとしてしまうので、注意が必要である。リスクアプローチは、監査対象領域の優先順位づけの

ために行うものなので、時間をかけて精密に行おうとすると、貴重な時間を監査に投入することができなくなる。そこで、リスク評価の算定方法の厳密性よりも、企業から見た重要性の評価を行うためのもの、つまり、順位づけを行うためのものだという認識をもつことが大切である。

(3) リスクアプローチは指摘につながらない

リスクアプローチ監査を採用すれば、良い指摘を行うことができるのではないかと勘違いする内部監査人もいる。リスクアプローチは、限られた監査資源を有効かつ効率的に配分するための手法であることを忘れてはならない。繰り返しになるが、リスクアプローチは、監査を行う場合の優先順位づけのフレームワークであることに留意する必要がある。

(4) 監査手続書との関係

リスク評価は、監査手続、つまり、監査の実施と密接な関係があり、それぞれが独立したものではないことに注意する必要がある。リスク評価の結果を監査手続に活かすためには、図4.4のように考えるとよい。

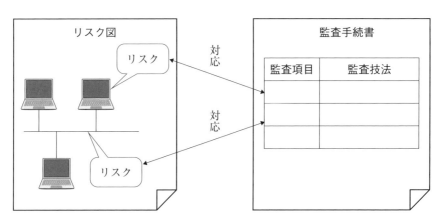

図 4.4　リスク図と監査手続書

4.6　リスクアプローチとサイクル監査

　従来型の監査では、サイクル監査がしばしば用いられてきた。サイクル監査は、社内各部門を3年で一巡したり5年で一巡したりするというようにして監査対象部門を決定する手法である。これに対して、リスクアプローチは、リスクの大きな部門・業務から順番に監査対象として決定する手法である（**表4.2**）。

　両者には、それぞれ長所短所があるので、それを理解したうえで監査対象部門・業務を決定するとよい。なお、両者を組み合わせた手法もある。例えば、リスクの大きな部門・業務については、毎年監査を実施し、リスクが中程度の部門・業務については隔年で監査を実施する、また、リスクの小さい部門・業務は、3年に1回監査を実施するという手法である。

4

リスクアプローチ

表4.2　リスクアプローチとサイクル監査の比較

	リスクアプローチ	サイクル監査
説明	リスクの大きな領域を対象に監査を実施	全部門（または業務）を一定の周期で監査を実施
共通点	監査対象領域の決定手法、監査計画の策定で利用する手法	
メリット	リスクの大きな領域に重点を置いて監査を実施することで、監査資源を効率的に投入	監査を受けない部門（業務）がない（網羅性）
デメリット	監査を受けない部門が発生	リスクの大きさにかかわらず監査を実施

4.7　部門別監査・機能別監査・テーマ監査

(1) 部門別監査と機能別監査

　年度監査計画や個別監査実施計画を策定する際に、部門別監査を実施するのか、あるいは業務別監査を実施するのかが課題になる（**図4.5**）。部門別監査を実施する場合には、例えば、3年で一巡というような監査を実施することがある。このような場合には、3年間の監査計画を立てるとよい。3年間の監査計

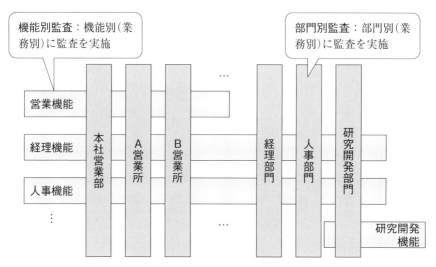

図 4.5　部門別監査と機能別監査

画を策定すれば、監査工数が多い年度を把握しやすくなるので、監査対象部門・業務を見直して、監査に係る負荷の平準化を図ることができる。

　また、リスクアプローチで監査計画を策定する場合でも、中長期の監査計画を立てると、次のようなメリットがある。

　　①　長期に監査対象としていない部門の発見

　　②　新設部門や組織改編の監査計画への反映

　　③　部門間の連携に焦点を当てた監査の実施(本社と事業所、親会社と子会社、営業部門と調達部門、営業部門と研究開発部門、生産部門と営業部門)

(2)　監査対象部門の選定

　部門別監査を実施する場合には、監査対象部門の選定がポイントになる。監査対象部門を適切に選定できなければ、企業等においてリスクの大きな部門の問題点を把握できないことがあるからである。また、問題の少ない部門を監査して、監査資源を有効に活用できないことにつながる。

　監査対象部門の選定に際しては、リスク評価を行って、リスクの大きな部門を対象にする。リスク評価は、次のような項目（リスク因子）が考えられるが、事業内容や企業規模によって異なるので各社で工夫する必要がある。リスク評価については、「内部監査基準」、「IPPF」の他にさまざまな文献で説明されているが、評価に用いるリスク評価因子については定めがない。つまり、内部監査人自身が主体的に考える必要がある点に注意する必要がある。

　なお、サイクル監査と組み合わせて監査対象部門を選定している場合も少なくない。例えば、リスクの大きな部門は、毎年監査を実施、リスクが中程度の部門は隔年で監査を実施、リスクが小さい部門は3年に1度監査を実施というような監査計画である。

(3) 部門別監査の着眼点

　会計業務の監査を部門別に行っているような場合には、当該部門について会計業務しか監査しないことになる。このような部門別監査を行っている企業も少なくないが、本書でいう部門別監査は、部門マネジメントの適切性を監査するという意味である。

　部門別監査では、部門管理が適切に行われているかという視点から監査を行う。つまり、部門長が適切にマネジメントを行っているかという視点で監査を行うことになる。具体的には、次のような視点から監査を行うとよい。

　① **経営計画との整合性**

　　　経営計画と整合のとれた部門運営を行っているか。例えば、経営者の年頭の辞の内容と、部門長の年頭の挨拶の整合がとれているかという視点でチェックしてもよい。また、経営計画と部門計画の整合性をチェックしてもよい。

　② **部門のミッションや業務分掌と部門計画との整合性**

　　　部門のミッションや業務分掌で定められている事項を実践するための施策や課題が部門計画に記載されているかチェックする。

　③ **PDCA の視点**

Plan・Do・Check・Act の項目について、部門長や管理者がマネジメントを行っているかチェックする。

④　**人材育成の視点**

部門計画を確実に実施できるような人材を育成しているか、教育計画や教育の実施記録をチェックする。

⑤　**業務処理の視点**

業務処理が正確に実施されているかチェックする。法令・ガイドラインや社内規程・業務マニュアルを遵守しているかチェックする。また、経営理念を含むコンプライアンスを確保するための管理が行われているかチェックする。

⑥　**業務プロセスの視点**

業務プロセスが部門目標の達成にとって有効な仕組みになっているか、業務を効率的に遂行しているかチェックする。

(4) テーマ監査

部門別監査、業務別監査の他にテーマ監査という用語がある。業務別監査とテーマ監査の違いについては、明確な定義があるわけではないが、業務別監査のうちの特定のテーマに焦点を当てた監査と考えればよい。テーマ監査では、企業等が抱えている課題などをリスク評価して重要度の高いものを監査テーマに設定する (図 4.6)。

なお、テーマ監査の成否は、監査テーマに左右される。良い監査テーマを選定できれば、付加価値の高い内部監査を行うことができる。

監査テーマの選定にあたっては、例えば、次のような事項を参考にするとよい。

①　**経営課題**

経営計画に記載されている経営課題や施策、経営者の挨拶における重要課題

②　**監査 (内部監査、公認会計士監査など) での指摘事項**

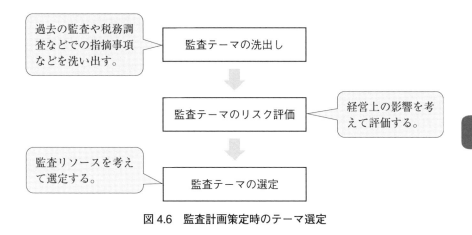

図4.6　監査計画策定時のテーマ選定

　　内部監査での指摘が多い事項(例えば、備品管理)、公認会計士監査で
指摘の多い事項(例えば、カットオフ、工事費の精算など)

③　**税務調査、監督当局の監査・検査などでの指摘事項**

　　税務調査での指摘が多い事項(例えば、資本的支出と修繕費、期末の
費用計上など)、監督当局での指摘事項(ホームページで公表されている
指摘事例を含む)

④　**顧客からの苦情・要望**

　　コールセンターや店頭などに寄せられる顧客からの苦情・要望のうち
件数の多いもの、経営上重要だと思われるもの。

　ところで、テーマ監査のメリットは、部門横断かつ業務横断で監査すること
ができる点にある。例えば、「本社と事業所の連携の適切性の監査」をテーマ
にすれば、本社・事業所間における連携を改善・強化することができる。また、
「販売業務と生産業務の連携の適切性の監査」をテーマにすれば、生産業務の
不備や、営業担当者からの連絡の不備などの問題点を発見し、両業務の連携を
改善することができる。

　部門別監査、業務別監査では、対象部門や業務が制約されるので、改善提案
が難しい場合があるが、テーマ監査では、そうした制約がない。したがって、

企業グループ全体を通じた監査テーマを設定すると、付加価値の高い改善提案
を行うことができる。

第5章
監査技法

5.1 　監査技法とは

監査は、「適切に行われていること」、あるいは「適切に行われていないこと」など(監査要点)を証明する仕事であり、監査要点(要証命題)を証明するための技法が監査技法である。監査技法には、次のようにさまざまな方法がある。

① インタビュー（質問）

　　監査対象部門の管理者・担当者などに質問して状況を把握する方法である。

② レビュー（閲覧）

　　文書、証憑などを閲覧して状況を把握する方法である。電子帳表の閲覧も含まれる。

③ 視察（現地調査、実査）

　　現地の状況を内部監査人が直接確かめる方法である。

④ データ分析

　　支払データ、仕訳データ、アクセスログなどのデータを分析する方法である。

⑤ テスト（再実施）

　　データチェックが適切に行われているかなどについて、実際にデータ
を入力して確かめるなどの方法である。

⑥　ベストプラクティスの調査（他社調査）

　　自社の状況が適切かどうか、他に優れた業務の進め方がないかなどに
ついて、他社調査によって確かめる方法である。

　以上のようにさまざまな監査技法があるが、内部監査人は、監査技法を多く
知っているほうがよい。なぜならば、1つの監査技法しか知らず、その監査技
法で監査要点を証明することができないときに、「監査できません！」と上司
に訴える事態になってしまうからである。別の監査技法を知っていれば、それ
を適用することで証明できるかもしれないからである。

　ところで、監査項目や監査対象の状況に応じて、監査技法を選択することも
重要である。例えば、「書類の管理が適切に行われているか」を確かめるため
には、情報資産管理表のレビューよりも、現地を視察したほうが実態を把握す
ることができる。また、外部委託した業務について契約書で管理状況を確かめ
るよりは、現地を視察したり、成果物のチェックをしたりするほうがより適切
に監査できる。

　監査用ソフトウェアでデータ分析を行うという手法にあこがれてチャレンジ
する内部監査人がいるかもしれないが、表計算ソフトでデータ分析すれば事足
りることも少なくない。このように、難しい監査技法を選択するよりも、簡単
な監査技法で済めば、そのほうがよい。

　なお、内部監査人は、自分の得意技の監査技法を身につけるとよい。内部監
査部門に異動して、監査実務を経験することによって、自分に合った監査技法
がわかり、それを身につけることができる。それを基礎にして、新しい監査技
法も身につけるようにするとよい。例えば、業務マニュアルの作成経験のある
内部監査人は、業務フローチャートを描いてリスクやコントロールを把握する
という手法を採ることができる。また、経理経験者であれば、仕訳データや支
払データを分析することによって、業務実態を把握できる。このように今まで
の自分の業務経験を活かして、自分の得意技の監査技法を身につけるとよい。

5.2 公認会計士の監査技法

参考までに、少し古い資料になるが公認会計士の監査技法を紹介する(表5.1)。なお、近年では、AI を用いた監査に取り組んでいるが、実務で一般的に使われようにはなっていない。

表 5.1 旧「監査実施準則」の監査技法

監査技法	内　　容
実査	実物検査のことであり、監査人が直接実物の実在性、数量、所有権などを確かめる技法である。
立会	監査対象組織が行う棚卸資産(商品や原材料など)の棚卸といった会社財産の実物検査に立ち会う技法である。棚卸の方法や手続を観察することによって確かめる。
確認	監査人が外部の第三者に直接文書によって、債権債務などの残高の状況など取引や事実を確認する方法である。
質問	監査対象組織の役員や従業員に対して、疑問点などを問い合わせ、その回答内容を検討する方法である。
視察	監査対象組織の現場に行って、管理の方法や実施状況をつぶさに、そして批判的に観察する方法である。
閲覧	規程、議事録、稟議書、契約書、報告書、予算書などの各種文書の内容を批判的に検討し確かめる方法である。
証憑突合	会計帳簿とそれを裏付ける証票書類とを突き合わせて、会計帳簿記入の正確性を確かめたり、証票書類の真正性を確かめたりする方法である。
帳簿突合	会計帳簿間の転記の正否を確かめて、記帳の正確性を確かめる方法である。
計算突合	監査対象組織の行った計算結果を監査人が再度計算して、計算の正確性を確かめる方法である。
勘定分析	勘定の内容を分解・分類して、当該勘定がどのような取引から構成されるかを大局的に把握する方法である。
分析的手続	財務データや非財務データの間の数値の変動や相関関係を分析して、財務情報間の不整合や異常値を把握し、財務情報の整合性を確かめる方法である。

出所)　脇田良一:『監査基準・準則の逐条解説　第2版』、中央経済社、1999年、を参考に作成した。

5.3 内部監査の技法の特徴

内部監査の技法は、公認会計士の監査技法と比較するとどのような相違点があるのだろうか。内部監査でも公認会計士監査の技法が参考になることは間違いないが、内部監査の場合には、次のような点に注意する必要がある。

① 監査対象に財務情報にかかわらないものも含める。

② 正確性だけでなく、経営や部門の管理における有効性や効率性の視点からも確かめる。

③ 特にプロセスや体制に注目して状況を確かめる。

④ コンサルティングを目的とした内部監査では、手続の厳格性よりも改善のための助言を重視した監査技法が重要になる。例えば、監査対象組織の業務の有効性や効率性を確かめるためにベンチマーク調査(他社や他部門の調査)を行って、監査対象組織の業務の有効性や効率性を確かめる方法がある。

⑤ システムログ分析やデータ分析などITを活用して、業務管理や業務処理の状況を確かめる方法(CAATs)がある。公認会計士監査では、財務データ(仕訳データ)の分析が対象となり、監査技法の適用対象が限定されるが、内部監査では幅広く利用されるまたは利用できる方法である。

⑥ 内部監査の場合には権限の問題や取引先などとの関係上の制約があるので、公認会計士監査のように第三者に対して債権債務などの残高を直接確かめることは難しい。

5.4 インタビュー

(1) インタビューの意義

インタビューは、何のために実施するのだろうか。インタビューには、以下に述べるような目的があるが、内部監査人はインタビューの目的をしっかり理解したうえで、インタビューを行う必要がある(**図5.1**)。

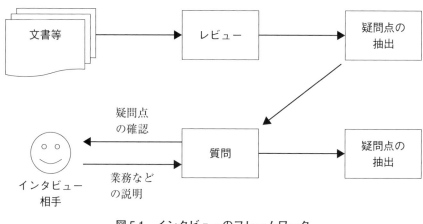

図5.1　インタビューのフレームワーク

①　内部監査に対する理解を得る

インタビュー相手は、監査に対して警戒感をもっていることが少なくない。監査を受けたときにうっかり話した内容がそのまま指摘事項として監査報告書に記載された経験があるかもしれないからである。また、税務調査と内部監査を勘違いして、「質問されたことにしか答えない」といった対応をするかもしれない。そこで、内部監査の目的をしっかり説明して、監査に協力することの意義を理解してもらうことが大切である。内部監査は、経営改善や業務改善を目指したものであることを理解してもらうように努めるとよい。

②　責任者や担当者のレベルを確かめる

インタビューは、管理者や担当者、外部委託先などさまざまな立場の人に対して行われる。話を聞いてみれば、部門管理のレベルや、業務に対する理解の状況がわかる。また、業務遂行に係るリスクに対する認識度合い、業務課題や部門課題の認識度も把握することができる。さらに、人柄や組織の雰囲気なども把握できる。

③　監査で収集した資料に関する疑問点を明確化する

予備調査で事前に入手した資料で意味がわからない用語・内容について説明を求めたり、異常値や大きな取引などの内容、資料間の不整合などについて説

明を求めたりする。これによって、事実誤認を防ぐとともに、根本原因の究明や業務改善に向けた提案に活かす。

(2) インタビューの進め方

インタビューは、次のような点に注意して行うとよい。

① インタビュー対象者の決定

インタビューは、必ず異なる立場の者を対象に行うように留意する。管理者にインタビューしたら、担当者にもインタビューを行って、双方の主張が整合しているか確かめる。主張が異なる場合には、インタビュー対象者を拡大したり、裏付けとなる文書をレビューしたりして事実を確かめるようにする。また、本社に対してインタビューを行ったら、事業所に対しても行う、というように立場の違う者を対象にするとともに、複数の者にインタビューするように心掛けるとよい。

なお、業務委託先や社内の関連部門にもインタビューすれば、事実を把握しやすい。

② 複数者によるインタビュー

インタビューにおいて内部監査人が注意しなければならないことは、「言った、言わない」を防ぐことである。また、内部監査人の態度に問題がないか、質問内容に問題がないかをチェックできるように、インタビューを複数の者で行うようにする。

③ インタビュー場所

インタビューは、相手から話を聞き出すことが大切である。そのために話しやすい雰囲気をつくるようにするとよい。例えば、座席配置が対面にならないように、斜めに向かいあうような座席配置にする。

④ 相手の話を聞くことが目的

インタビューは、相手の話を聞くことが目的なので、相手の警戒心を解くように気をつける。いきなり本論に入るのではなく、世間話をして相手をリラックスさせるような工夫が大切である。また、内部監査人の質問の趣旨がわかり

にくい場合には、的確な回答を得ることができないかもしれない。そこで、相手の表情などから質問がわかりにくいと思われる場合には、質問を言い換えるようにするとよい。また、相手の話がわかりにくい場合には、相手の論旨を確かめるような質問をしてもよい。要するに相手の話を理解するように努めることがポイントである。

⑤　下位の者(立場の弱い者)には優しく

インタビュー相手は、内部監査人が監査権をもっており、何か指摘されるのではないかと考えている。また、内部監査人の職位は比較的高い場合が多いので、若手社員や嘱託社員、パートタイマー、アルバイトから見ると怖い存在に思われている。そこで、担当者や外部委託先などに対するインタビューでは、優しい態度で接することを忘れてはならない。

⑥　監査目的に関係すること

インタビューでは、質問が監査目的から大きく逸脱しないようにしなければならない。新任の内部監査人は、好奇心から監査の目的とは関係のない質問をしてしまうことがあるので、監査目的を認識しながら質問するように心掛けるとよい。

⑦　わかりやすい質問を行うこと

難しい言葉を使って質問しないように注意することも大切である。質問の主旨を明確に伝えたり、質問を言い換えたりして、わかりやすい質問を行うようにするとよい。

(3) 何に注目すればよいか

内部監査人は、インタビューする際に、例えば次のような事項に注意するとよい。

① 相手の表情、態度に注意する

相手の態度に落ち着きがないか、上司の顔色を窺うような素振りをしていないかに注意するとよい。このような態度をとる場合には、何か問題が隠されている可能性があるからである。

5

監査技法

② 説明が明確でない部分を把握する

相手の話に辻褄が合わない点がないか、説明を省略している部分がないか、説明ができない部分がないかに注意してインタビューを行う。辻褄が合わない場合には、事実を話していないかもしれない。また、説明を省略している場合には、何か問題を隠そうとしているのか、あるいは業務内容を理解していないのかもしれない。特に管理者が部門の課題を的確に説明できない場合には、適切な管理を行っていない可能性が高い。

③ 資料との整合性を確かめる

相手の話と、資料に記載されている事項との整合がとれない場合には、相手の話に誤りがあるのかもしれないし、資料に誤りがあるのかもしれない。

④ 誰が説明しているか

インタビューにおいて、誰が説明あるいは回答しているかということも重要である。管理者が担当者に説明をさせている場合には、管理者が業務内容を把握していないのかもしれない。特に派遣社員や外部委託先の社員が説明あるいは回答している場合には、自社の社員が業務内容を把握していないということになる。つまり、説明すべき者が説明しているかという点にも注意してインタビューを行うことが大切である。

(4) インタビュー記録

インタビューの結果は、監査調書として記録を残さなければならない。インタビュー記録には、誰が、いつ、何を、どこで、説明したのか、またどのようにインタビューを行ったのかを記載する。インタビュー記録をパソコンで作成する場合も増えており、社内文化として定着している場合も多い。ただし、相手が不快に思うのではないかと考えた場合には、相手の了解を得たり、相手が警戒している場合には、手書きで記録を残すとよい。

また、インタビュー記録に相手の署名を求めることもあるが、企業文化に馴染まないこともあるので注意が必要である。インタビュー記録をメールで送って確認のメールをもらうなどの工夫をしてもよい。

　なお、インタビューを録音することについては、パソコンで記録を作成することよりも抵抗が大きいので、注意が必要である。相手の了解を得たり、相手が警戒していたりする場合には、手書きで記録をとるように配慮する必要がある。

（5）良い質問とは

　インタビューにおいてどのような質問をすればよいのか悩んでいる内部監査人は少なくない。特に新任の内部監査人の場合には、今まで経験したことのない仕事なので、どのように質問すればよいのか悩んでいるのではないだろうか。例えば、次のような点に留意してインタビューを行うとよい。

①　矛盾点を探す

　図5.2に示すように、管理者と担当者に対してそれぞれ質問して、両者の回答に矛盾がないか確かめる。矛盾している場合には、その原因を調べるとともに、事実を確認する。

②　具体的に把握する

　どのようなコントロールを実施しているのかを把握するためには、**図5.3**に

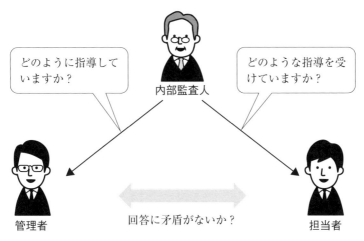

図5.2　矛盾点を発見する質問

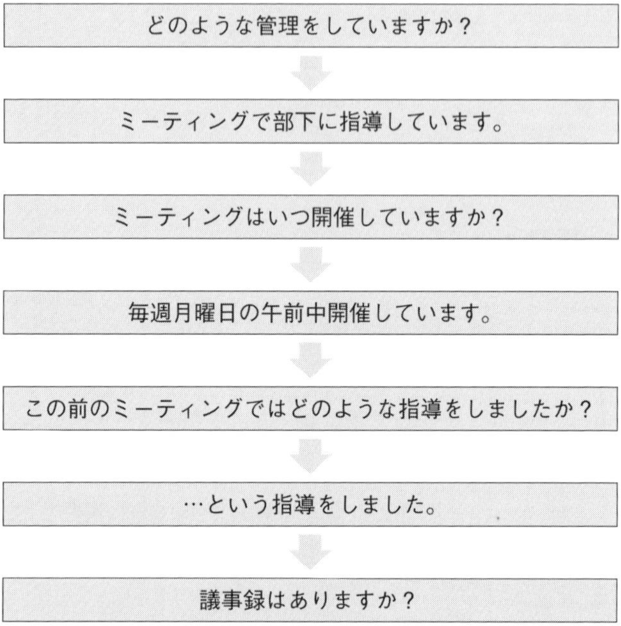

| どのような管理をしていますか？ |
| ミーティングで部下に指導しています。 |
| ミーティングはいつ開催していますか？ |
| 毎週月曜日の午前中開催しています。 |
| この前のミーティングではどのような指導をしましたか？ |
| …という指導をしました。 |
| 議事録はありますか？ |

図 5.3　実態を把握するための質問

示すように具体的に質問するとよい。途中で回答が曖昧になったり、回答でき
なかったりする場合には、コントロールを実施していない可能性がある。

③　行動などと組み合わせる

「書類をどのように保管していますか？」→「キャビネットに施錠保管して
います」→「キャビネットの場所を教えてください」→「ここです」→「開け
て中を見せてください」というように質問する。担当者が、鍵を取り出して解
錠して開けるか、そのまま扉を開けるかを確認することが大切である。そのま
まキャビネットを開ける場合には、施錠していないことになるからである。

④　図を描いて確かめる

言葉だけで説明を聞いていると、事実がわかりにくいことが少なくない。そ
こで、「この仕事はどのような手順で行っていますか？」→「…してから、…
しています。このときには、…しています。また、…のようなこともありま

す」と相手が説明した場合には、内部監査人が図を作成して相手に示し、「このような手順ですか？　違うところがありますか？」→「この部分では、…をしています」というようにインタビューを進めたほうが事実を把握しやすい。

⑤　**業務や作業の目的を確かめる**

「書類のチェックは何のためにやっていますか？」→「前任者から実施するように言われたからやっています」→「でも、何が目的だと思いますか？」、「この仕事をやらなかったらどのような問題が発生すると思いますか？」というような質問を行うとよい。また、「この作業は何のためにやっているのですか？」→「マニュアルに書いてあるので、実施しています。」→「これが適切に実施されないと、どのような問題が発生すると思いますか？」というような質問も有効である。このような質問は、監査相手のスキルアップや業務改善にもつながる。

5
監査技法

5.5　ドキュメントレビュー（査閲）

ドキュメントレビューは、監査技法において極めて重要な技法である。ドキュメントレビューは、内部監査人によってそのレベルにばらつきがある。特に新任の内部監査人の場合には、ドキュメントをレビューして問題点を発見するのに苦労したり、監査上の必要性がない資料まで提出させてしまったりすることがある。

ドキュメントレビューにおいては、以下のような点に注意して監査を行う必要がある。

（1）　ドキュメントの収集

ドキュメントレビューの対象となる文書等を的確に収集することが、ドキュメントレビューを成功させる第一歩である。文書等の収集においては、次のような点に留意するとよい。

①　予備調査の開始に先立って、業務分掌、組織図、業務分担表、業務マ

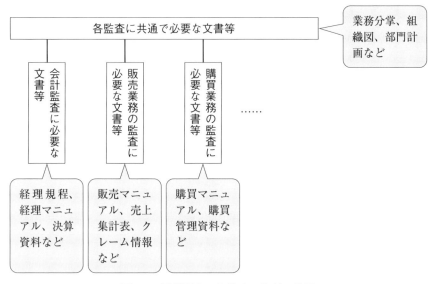

図 5.4 予備調査で収集する資料の体系

ニュアル、部門計画、予算対実績資料など必要な資料を収集する。資料は、**図 5.4** のように整理できる。

② 入手すべき資料の一覧を作成する。

③ 監査目的と直接関係のないものは、収集しないようにする。

④ 過度の文書提出要求をしない。

⑤ イントラネットを利用して業務マニュアルなどの社内文書を収集する。

⑥ インターネットでハザードマップを入手して、監査対象事業所の周辺の状況を把握する。

(2) ドキュメントレビューの方法

ドキュメントレビューにもさまざまな方法がある。内部監査人は、ドキュメントレビューの方法を理解して、監査目的に合った方法を選択するとよい。具体的には、次のような方法がある。

① **サンプリング**

一定期間から一定件数を無作為に抽出して、ドキュメンレビューを行う方法である。サンプリングは、法令や規程・業務マニュアルなどへの準拠性の監査を行う場合に有効な方法である。しかし、問題点を見つけるためには、必ずしも優れている方法とはいえない。サンプリングした中に問題のある案件が含まれているとは限らないし、処理内容のばらつきを発見するためには有効な方法とはいえないからである。

② **通査**

サンプリングの弱点に対応するためには、一定期間の文書等をすべてレビュー(全数調査、全件調査、悉皆調査)する方法がある。例えば、営業日報の記載状況のばらつきを発見するためには、1カ月間のすべての営業日報をレビューするとよい。

なお、具体的には、表5.2に示すような内容を確かめるとよい。

指摘する場合は何に留意するか?

ドキュメントレビューで、処理状況のばらつきを指摘しただけでは、相手は必ずしも納得しない。規程やマニュアルで定められている場合には、不満ながらも従うかもしれない。そうでない場合には、「ばらつきがあっても問題はないのではないか」というような反論を受けることがある。そこで、内部監査人は、ばらつきがあることによって業務上発生している問題や顧客に迷惑をかけていること、あるいはばらつきを放置することによって、大きな問題が発生するリスクがあることを指摘するとよい。社内外の事例を紹介して、ばらつきのリスクを説明するように心掛けるとよい。

相手が、指摘事項のリスクを認識し、納得すれば、内部監査人が求める以上の改善を行ってくれるからである。

表 5.2　ドキュメントレビューのチェックポイント（例）

項　　目	チェック内容
文書等の整合性	合表と明細表の整合がとれているか確かめたり、帳表と伝票を突合して整合がとれているか確かめたりする方法である。この他に、入退出管理システムのログと、監視カメラの映像の記録を突合して、正しく記録されているか確かめてもよい。
例外・異常値の把握	仕訳データ、支払データ、情報システムのアクセスログなどの中から金額の大きな案件や通常発生しないアクセスを抽出して、確かめる方法である。例えば、通常発生しない振替仕訳、地理的あるいは時期から見て疑義のある支払先などを抽出して、問題がないか確かめる。確かめる際には、裏付けとなる文書を入手したり、関係者にインタビューしたりする。
文書等の内容	ドキュメントレビューにおいては、文書等のどこをチェックするかが課題である。特に新任の内部監査人にとっては、難しいことである。ベテランの内部監査人と、経験の浅い内部監査人がチェックした文書等を比較すると、問題点の発見箇所数が大きく異なる。ドキュメントレビューでは、例えば、次のような事項について確かめるとよい。 ・日付の逆転 　納品日と決裁日が逆転していないか。 ・起案部門・担当者 　起案部門・担当者が通常のものと異なるものはないか。 ・地理的な妥当性 　東京で九州の事業者を利用していないか。 ・記載内容の適切性 　内容に矛盾がないか、工場で販売費用が発生していないか。 ・紙質 　古い文書の中に新しいものがないか、押印が最近のものではないか、印影や筆跡が通常のものと異なっていないか。
組織図、業務分担との整合性	業務担当者の異動が反映されているか、付与された権限が業務上必要なものに限定されているかなどを確かめる。
数値の正確性	検算（再計算）して、計算結果が正確かどうか確かめる。特に見積書や請求書のチェックのときに必要である。また、表計算ソフトを利用している場合には、マクロや計算式の正確性を確かめるとともに、マクロや計算式を誤って変更しないように保護されているか確かめる。

表5.2 つ づ き

項　目	チェック内容
決裁権限の逸脱	購買案件において、決裁権限の制約を逃れるために、一案件を分割して処理していないかなどを確かめる。
同様の案件や文書の比較	文書に記載されている項目や記載内容にばらつきがないか確かめる。例えば、「契約書が適切な内容になっているか」を確かめる際には、複数の契約書を横並びで比較してみると、ばらつきを把握しやすい。

5.6　視察(観察)

内部監査では、現地を視察して確かめることが重要である。インタビューで説明されたとおりに業務を実施しているとは限らないし、図面をチェックしただけでは現地の状況を正しく把握することができないからである。現地調査は、次のような点に注意して行うとよい。

(1) 現地調査の進め方

現地調査は、次のように進める必要がある。

① 調査場所の決定

監査の目的に応じて、事務所、工場、倉庫、外部委託先のどこを調査場所にするのかを決める。例えば、「外部委託管理の適切性の監査」では、外部委託先の監査が不可欠になる。

② 調査方法の検討

現地調査は、直接法と間接法に整理できる。直接法とは、内部監査人が現地を直接確認する方法であり、間接法とは、監視カメラなどを利用して現地を確認したり、ストリートビューや航空写真を利用したりする方法である。

③ 責任者や担当者のアテンド

調査場所には、監査対象部門の責任者や担当者がアテンド(立会)することが一般的である。このような場合には、現地調査をする場所に恣意性がないよう

にしなければならない。また、責任者や担当者の態度に不審な点があるときには、注意して現地調査をするように心掛けるとよい。例えば、内部監査人に対して見せたくない場所がないか責任者・担当者の態度を見ながらチェックするとよい。

④　外部委託先の調査

外部委託先の現地調査を行う場合には、別法人を監査することになるので、監査権の有無が問題になる。そこで、監査権を委託契約書で明確に定めておくことが必要である。また、外部委託先がマネジメントシステムの認証をしているために、現地に立ち入れない場合があるが、このような場合には、可能な範囲で確認するとよい。ある内部監査人は、作業場所に内部監査人が入って直接視察することができなかったので、当該調査場所に設置している監視カメラを使って、作業場所の状況を確かめたそうである。

⑤　図面等と現状の照合

現地調査では、図面にない建物や構造物などがないか確かめるとよい。また、監視カメラや赤外線センサーの配置状況を確かめて、死角がないか確かめる必要がある。

⑥　プロセスに従った現地確認

現地を見て、仕事の流れに問題がないか(改善できる事項がないか)、リスクがないか説明を聞きながら調査する。この手法は、工場の生産ラインや配送センターの視察を行うときに有効である。場合によっては、他社工場や物流センターを見学して、リスクを識別するスキルを高めるようにしておくとよい。

⑦　固定資産管理台帳などの文書との照合

固定資産管理台帳に記載されている固定資産が実在するかを確かめたり、倉庫が実際に存在しているか確かめたりする。また、管理状況が適切かどうか、不正侵入対策が講じられているかなども確かめる。例えば、倉庫内にあるべき棚卸資産が実在しているか、汚損品や破損したものがないか確かめることも忘れないようにする。

⑧　記録

現地調査の記録をデジタルカメラで撮っておくとよいが、その際には撮影の了解を得ておくことを忘れないようにする。場合によっては、撮影禁止の場所があるからである。

(2) 視察での着眼点

視察では、次のような着眼点で監査を実施することが大切である。

①　帳票等の管理

伝票・書類の保管場所(店頭、事務所、倉庫)が適切か、キャビネットなどに施錠保管されているか、廃棄書類の一時保管場所が盗難・紛失の視点から適切か、電子媒体の利用管理状況が適切か、などを確かめる。施錠については、きちんと施錠されているか監査人自身が確かめるようにする。

②　資産管理

固定資産等の現物を確認して、紛失したものがないか確かめる。また、管理状況も合わせて確かめるとよい。

③　情報セキュリティ

私有のパソコン、タブレット端末、スマートフォンなどの持ち込み状況を確かめる。特にネットワークへの接続ができないようになっているか確かめる。また、ユーザー ID やパスワードのメモが執務室内に貼付されていないか、入退出管理が適切に行われているか確かめる。

④　店頭

端末画面の配置が、顧客本人にしか見えないような配置になっているか確かめる。また、犯罪防止対策やテロ対策が講じられているか確かめる必要がある。例えば、事務所内でガソリンを撒いて火を付けて大惨事になった事件があるので、注意するとよい。

⑤　交通安全

営業車両や配送用の車両を有している企業等の場合には、駐車場や車両の出入口の安全確保の状況も確かめる必要がある。例えば、近隣に小学校があると

5

監査技法

きには、特に注意しなければならない。

⑥　**事業所等の周囲**

事業所等の周辺に危険なものがないか、侵入経路になりそうなものがないか確かめる。事業所の周辺に河川がないか確かめることも忘れてはならない。

⑦　**事業所内**

事業所内の監査では、監視カメラ、赤外線センサー、火災報知機、スプリンクラーなどの設置状況を確認する。防火対策については、消防計画など必要な書類が整備されているか、防火設備の点検が定期的に行われているかなどについても、インタビューやドキュメントレビューで確かめる必要がある。現地調査では、現地を監査人が直接目で見て確かめるとともに、インタビューやドキュメントレビューと組み合わせて実態を把握することが大切である。

この他に、通常社員が利用しない貨物用エレベーターや非常階段についても確かめる。特に、不審者が入り込めないような仕組みになっているか注意する。

視察のポイント

入退管理状況を視察して確かめたり、文書、電子媒体、情報機器などの管理状況を視察で確かめたりする場合には、社員等が通常行かない場所、例えば、非常口、貨物用エレベーター、廃棄書類の保管場所などを視察するようにするとよい。非常口に荷物などが積み上げてあれば、緊急時に避難しにくくなる。また、貨物用エレベーターは、清掃や搬入のために役員フロアなどに直接出入りができる場合が少なくない。役員室内で文書を机上に出したままにしていたり、キャビネットを施錠していなかったりするかもしれない。ドアがあれば施錠されているか確かめるように心がけるとよい。視察ではこのような通常目が行き届きにくい場所に足を運び実態を確かめるように心がける必要がある。

なお、文書、電子媒体、情報機器などの管理状況は、夜間・休日に現地に赴いて管理状況を確かめる方法もある。監査目的に応じて、さまざまな

手法で視察を行うとよい。

5.7 CAATs

(1) データ分析とは

CAATs(Computer Assisted Audit Techniques：コンピュータ支援監査技法、あるいはコンピュータ利用監査技法)は、アクセスログや取引データを分析して、異常なデータを発見する監査技法である。データ分析では監査ツールが利用されるが、EUC(End User Computing)用のデータベースを活用して、表計算ソフトなどで分析することも少なくない。

データ分析のポイントは、何が正常なデータで何が異常なデータかを見分けることである。そのためには、業務知識(各部門、事業所で何を行っているか)が必須になる。

データ分析というと不正な支払データの発見や不正アクセスの発見を思い浮かべる内部監査人も少なくない。しかし、データ分析によって、業務プロセスにおけるボトルネックの発見、効率性の分析など業務改善にも役立つことを忘れてはならない。例えば、ワークフローシステムを導入している場合には、承認ログなどを分析して、承認に時間がかかっている案件を発見することができる。また、1件当たりの決裁に要する時間を分析することによって、効率性を分析したり、内容をよく見ないで承認している案件を抽出したりすることができる。

なお、データ分析だけで監査を実施できるわけではない。データ分析によって確かめるべき案件を抽出し、その内容が適切かどうかをインタビューや、ドキュメントレビューによって確かめることになる。また、現地を視察して状況を確かめることも必要である。

5

監査技法

(2) データ分析の進め方

データ分析は、次のような点に注意して進めるとよい。

① データ分析の目的の明確化

データ分析で陥りやすい誤りは、データ分析技法の導入が目的となってしまうことである。他社がCAATsを導入したから当社も導入しようという考え方である。データ分析を行う場合には、監査目的を達成するためにどのようなデータ分析が必要なのか考えることである。つまり、データ分析によって、何を検証したいのかを明確にすることが大切である。

② 入手データ

データ分析を成功させるためには、分析の対象となるデータがポイントになる。自社にどのようなデータがあり、どのようにすればデータを入手できるのかを検討する。情報システム一覧表があればそれを入手して、どのようなデータがあるのかをIT部門にインタビューして確かめるのも一方である。

データを把握したら、実際にデータ分析を行う対象となるデータを詳細に決めなければならない。いきなり大量のデータを入手して分析しようとすると、なかなか上手くいかないので、例えば、対象となる月分や日にちなどを決めてデータを絞り込んで分析するとよい。分析方法が決まれば、大量のデータを対象にデータ分析を行う。

③ 分析方法

データ分析を行う場合には、どのようなデータ(勘定科目、金額、部門、日時など)を抽出するのかを決める必要がある。例えば、一定金額以上の修繕費を抽出して、資本的支出に該当するものはないかチェックする。また、夜間・休日のアクセスを抽出して、不正なものではないかチェックする。必要に応じて、データベースをマッチングさせて分析することもある。

この他に、例えば、100万円を超える購買案件は本社決裁になるというような場合には、本社決裁になるのを避けるために、90万円から100万円の購買案件が多く、100万円〜150万円の購買案件が著しく少ないという状況がないか分析するとよい。もしそのような状況がある場合には、購買の決裁権限を逸

脱した購買を行っている可能性が高いので、ドキュメントレビューやインタビューによって、実態を確かめることになる。

(3) データ分析の着眼点

データ分析は、次のような着眼点で実施するとよい。

①　アクセス状況

夜間・休日にアクセスしている部門・担当者がないか、アクセス件数・時間が著しく多い者または少ない者がいないか、アクセスすべき部門・担当者・時間帯にアクセスしているか(アクセスすることが業務上定められている場合にアクセスしているか)などの視点から分析する。

②　日付、件名、勘定科目、部門、取引先などの分析

特定の取引先への集中、依頼者と承認者の整合性、部門間でのばらつき、同じ案件でのばらつき、日付の順序などの視点から分析する。

③　推移分析

ある事象が増加傾向にあるのか、減少傾向にあるのかという視点から分析する。例えば、売上取消、返品、振替訂正などが増加傾向にあるのか、減少傾向にあるのかを分析し、その原因を究明して改善提案をすることによって、業務改善につながる監査を実施することができる。

(4) CAATs の利用状況

一般社団法人日本内部監査協会の調査によると CAATs の利用状況は、**図5.5** および **図5.6** に示すとおりであり、わが国ではまだ利用が進んでいないことがわかる。また、監査ソフトウェアはデータ分析に使用されることが多いことがわかる。

ところで、内部監査では、サンプリング調査ではなく、全数調査や継続的な監査を行うことが必要な場合がある。例えば、仕訳、購買、支払、受注などに関するデータの監査や、顧客データベースなどへのアクセス状況の監査においては、監査対象期間のデータのすべてを対象として調査する場合がある。こう

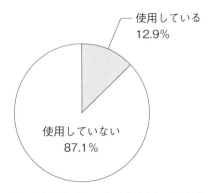

12.9%

使用していない
87.1%

出所）日本内部監査協会『2017 年監査白書』から作成

図 5.5　監査支援ソフトウェアの使用の有無

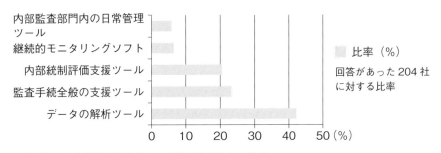

出所）日本内部監査協会『2017 年監査白書』から作成

図 5.6　監査支援ソフトウェアの用途

　した要請に応えるために、CAATs を活用することが考えられる。CAATs を
導入すれば、効率的で有効な監査を実現できる。例えば、「現場に行かない監
査」、「往査部門を事前に決めない監査」の実施が可能になる。これは継続的監
査といわれているものである。
　ところで、CAATs を導入する場合には、自社にどのようなデータやデータ
ベースがあるのかを把握し、何が異常（不正、不適切）なのかを検討することが
重要である。どのようなデータがあるのかを把握できなければ、データを活用
した監査ができないからである。

　また、CAATs に習熟してきたら、不正アクセスや不正な仕訳、不正な支払いといった不正の発見だけにデータ分析を利用するのではなく、データ活用の視点から監査を行うことにもチャレンジするとよい。

5.8　複数の監査技法の組合せ

　監査対象部門・業務の実態を的確に把握する際に、一つの監査技法だけで事実を確認するのではなく、複数の監査技法を組み合わせて実態を確認するようにすれば、事実誤認のリスクを低減することができる（**図 5.7**）。

　例えば、インタビューで案件の決裁をどのように行っているか、1 案件当たりどの程度時間をかけているか質問して実態を把握する場合を考えてみよう。インタビューに先立って、ワークフローのログを分析して、1 件当たりどの程度の時間をかけているか把握する。ログ分析の結果と、インタビューでの回答結果を突合して矛盾がないか確かめれば、実態をより正確に把握することがで

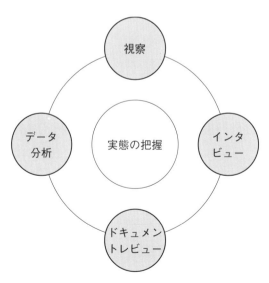

図 5.7　複数の監査技法の組合せによる実態把握

きる。

　また、監査手続の適用に際しては、自然な流れで行うように注意することが大切である。監査手続は、監査手続書（質問のシナリオ）に沿って実施されるが、監査実務では、質問順序を変えたほうが良いことも少なくない。例えば、インタビューを実施する場合に、相手が発言したことに関連する監査手続を実施したほうが自然な流れで監査を行うことができる。また、インタビューをしているときに、懸念事項をメモしておいて、後で書類を調べてもよい。

第6章

内部監査の種類

6.1 多様な内部監査

(1) 内部監査の種類

「内部監査には聖域がない」と言われるように、企業等におけるすべての部門・業務が監査対象になる。そこで、経営監査、業務監査、会計監査、コンプライアンス監査、システム監査というようにさまざまな内部監査がある（図6.1）。内部監査は、企業内のすべての部門や業務を対象としているので、監査の目的や種類も多様である。一方、公認会計士が行う財務諸表監査や内部統制監査では、財務報告や内部統制報告が監査対象となっている。

(2) 監査目的と監査の種類

監査目的によって、実施する内部監査の種類が決まる（図6.2）。例えば、「会計処理が正確に行われていること」を確かめることが監査目的の場合には、会計監査を行うことになる。また、「営業業務が有効に行われていること」を確かめることが監査目的の場合には、業務監査が行われる。このように監査目的と監査の種類には、密接な関係がある。

　監査要員の人数には制約があるので、どの監査目的に重点を置いて内部監査

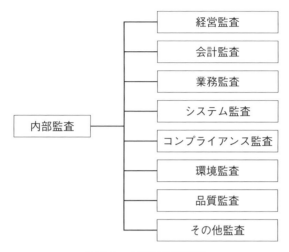

図 6.1　内部監査の種類

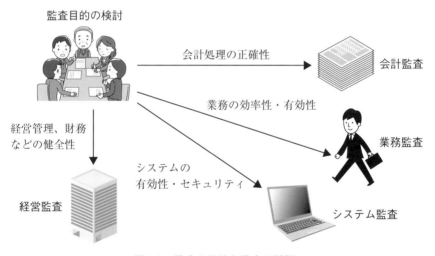

図 6.2　監査の目的と監査の種類

を実施するのかを十分に検討しなければならない。この際には、経営者の要望や社会動向なども勘案して、監査の付加価値を高めるような監査目的を設定しなければならない。

(3) 内部監査の実施状況

内部監査にはさまざまな種類があると説明したが、業務監査については、さらにさまざまなものがある。「○○業務」の業務を監査に置き換えて、「○○監査」とすればすべて成り立つくらい多様である。例えば、一般社団法人日本監査協会が毎年実施している内部監査実施状況調査では、**図 6.3** に示すように多くの種類の監査があることがわかる。

また、同調査では、監査の種類ごとに実施率がわかるので、わが国の内部監査がどのような業務を対象にして監査を実施しているか把握できる。

6

内部監査の種類

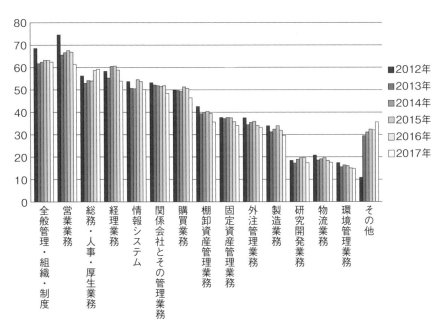

出所） 一般社団法人日本内部監査協会「第 62 回内部監査実施状況調査結果—2017 年度（2017 年 4 月～ 2018 年 3 月）における各社の内部監査テーマ・要点集」～「第 57 回内部監査実施状況調査結果— 2012 年度（2012 年 4 月～ 2013 年 3 月）における各社の内部監査テーマ・要点集」にもとづいて作成した。

図 6.3　内部監査の対象業務

（4）統合監査

　会計、業務、ICT（Information and Communication Technology：情報通信技術）、コンプライアンス、環境管理、品質管理などの業務は、それぞれ相互に関連している。そこで、さまざまな種類の内部監査を別々に実施するのではなく、各種監査を連携して実施することが監査効率や監査の付加価値を高めるうえで重要になる。営業、生産などの業務活動が行われれば、最終的には財務数字に反映されるし、業務活動を行うためには ICT が不可欠だからである。各種監査間の連携が進めば統合監査に発展していくことになる。

6.2　経営監査

（1）経営監査の目的

　経営監査は、企業経営が適切に行われているか点検・評価することを目的としている。経営者の経営判断自体の適切性を内部監査で点検・評価することは難しいので、内部監査人としては、経営者が経営判断するための情報が適切に伝達されているか確かめることになる。例えば、あるプロジェクトに対する設備投資計画について、経営者の経営判断のベースになる設備投資に係るリスク分析が適切に行われているか、投資回収計画の算定根拠や算定手法が適切かなどを確かめる。

　親会社の内部監査人が、関係会社を対象に経営監査を行う場合には、当該関係会社の経営者の経営判断についても、それが適切なものか確かめることもある。親会社の内部監査人は、親会社の経営者の視点に立って監査を実施するので、関係会社の経営判断が不適切だと判断した場合には、親会社の経営者にその旨を報告する責務があるからである。関係会社の経営者の経営判断を点検・評価する場合には、当該関係会社の監査役などとの調整を行う必要がある。関係会社の監査役は、取締役などの執行状況を監査する役割をもっているので、親会社の内部監査人が関係会社を監査する場合には、注意が必要である。

(2) 経営監査での視点

経営監査では、例えば、次のような視点から監査を行う。

① 取締役会の開催状況

取締役会が適切に開催され議事録などが適切に残されているか、取締役は取締役会に出席しているかなどを確かめる。

② 経営理念や経営方針の策定状況

経営理念や経営方針が策定され、役員および従業員などに周知・徹底されているか、経営理念や経営方針にコンプライアンスの遵守が盛り込まれているか、などを確かめる。関係会社の場合には、親会社の経営理念や経営方針と整合がとれているかを確かめる。

③ 経営計画の策定および実績管理

経営計画が策定され社内に周知されているか、経営計画の進捗管理を行っているか、計画の遅滞などがある場合にはその原因を究明し対策を講じているか、経営計画と部門計画などとの整合がとれているか、などを確かめる。

④ 財務状況の健全性

売上高、利益、ROA、ROI などの推移を分析して問題がないか確かめる。また、問題がある場合には、その対応策を講じているか確かめる。資金繰りにも問題がないか、キャッシュフロー計算書、資金運用計画、資金繰り表などを分析して確かめる。

⑤ リスク管理および内部統制の確立状況

企業を取り巻く内外の重要なリスクを分析して必要な対応策を講じているか、企業または企業グループ全体のリスクを管理する仕組みが構築されているか、などを確かめる。また、経営目標を達成するための内部統制が整備されているか確かめる。経営監査では、企業または企業グループ全体としての内部統制をチェックすることになるが、この際には内部統制の6つの基本的要素の視点から点検・評価するとよい（**表 6.1**）。

6

内部監査の種類

表 6.1　内部統制から見た経営監査の視点

基本的要素	監査の視点
統制環境	経営理念、経営方針、行動基準などが明確にされ、役員・従業員に周知・徹底されているか、コンプライアンス遵守の姿勢が浸透しているか、公益通報制度が機能しているか、組織・体制が明確で、職務分掌、責任・権限などが明確になっているか、など
リスクの評価と対応	企業活動の全般を対象としたリスク評価を実施する仕組みがあり、それが有効に機能しているか。具体的には、主要な事業やそれに係る業務プロセス、財務報告に係るプロセス、新製品・サービスの研究・開発、新規事業の立上げなどのリスク評価を実施し、これらのリスク全体の評価を実施しているか、など
統制活動	リスク評価の結果構築された各種対策が、規程やマニュアルなどで定められたとおり運用されているか、など
情報と伝達	統制環境の状況、企業活動に関して発生したまたは発生する恐れがあるリスク、統制活動の運用状況、モニタリングの結果などについて、組織内外の関係者に報告する仕組みがあり、有効に機能しているか、など
モニタリング	各部門における内部統制の整備・運用状況をチェックする仕組みがあり、有効に機能しているか、など
IT への対応	IT を統制する仕組みがあり有効に機能しているか、内部統制の効率性や有効性を高めるために IT を活用しているか、など

6.3　会計監査

(1) 会計監査の目的

　会計監査は、会計監査人監査(公認会計士監査)でも行われている。公認会計士が行う財務諸表監査では、「財務諸表監査の目的は、経営者の作成した財務諸表が、一般に公正妥当と認められる企業会計の基準に準拠して、企業の財政状態、経営成績及びキャッシュ・フローの状況をすべての重要な点において適正に表示しているかどうかについて、監査人が自ら入手した監査証拠に基づいて判断した結果を意見として表明することにある。」(企業会計審議会「監査基準」第一　監査の目的)としている。つまり、財務諸表が適正に表示されているか確かめることが、会計監査人監査の目的になっている。

　しかし、内部監査で行われる会計監査の場合には、**図 6.4** に示すように会計処理の適切性以外の目的もあることに注意しなければならない。会計監査人が実施している会計監査を単純に焼き直しただけでは、内部監査における会計監査の目的を達成することはできない。会計監査の目的には、会計業務が効率的に実施されているか、会計業務が経営に貢献しているかという視点も含まれている。

(2) 会計監査の視点

　会計監査では次の視点で監査を行う。

① 会計処理の適切性

　財務諸表の正確性を確かめるものである。具体的には、勘定科目、計上日、金額などが適切かどうか確かめる。この監査は、主として財務会計の視点から実施されるが、プロジェクトコードや管理部門といった管理会計上の正確性も含まれる。

② 会計業務の効率性

　財務諸表が適切に作成されていても、それが効率的に行われていなければならない。会計監査人監査では、財務諸表が正確に作成されていれば、それに多額のコストがかかっていても指摘されることはない。しかし、内部監査の場合には、重要な指摘事項になる。コストには、人件費、委託費、IT 関係費などが含まれる。また、効率性には作業時間も含まれる。

③ 会計業務の有効性

　財務諸表が適切かつ効率的に作成されていても、それが経営に役立つものでなければならない。財務諸表は、ステークホルダーが利用するだけでなく、経営にも利用されるものである。企業経営においては、会社の財務状況を把握し、必要な対策を講じることが重要であるが、財務諸表（財務情報）は、その基礎となるものだからである。会計業務の有効性の場合には、主として管理会計の視点が重要になる。

6

内部監査の種類

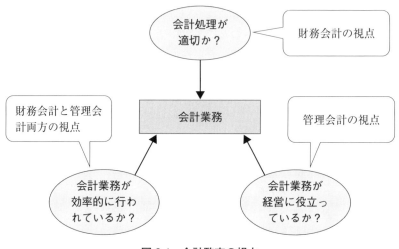

図 6.4　会計監査の視点

6.4　業務監査

（1）業務監査の目的

　業務監査は、営業、販売、生産、物流、調達、人事・教育など多種多様な業務を対象としている。内部監査では、こうした社内業務が適切に遂行されているかなどを確かめることが目的となっている。

（2）業務監査の視点

業務監査では、図 6.5 に示すような視点で監査が行われる。

①　戦略性・有効性（経営目的への貢献）

　監査対象の業務が、経営目的を達成するうえで有効な仕組み、プロセスになっているか、業務における管理のための指標が設定され、目標が達成されているか確かめる。また、経営目的や各部門の業務目的を達成するための事業計画および業務計画などの策定状況と、内容の適切性についても確かめる。

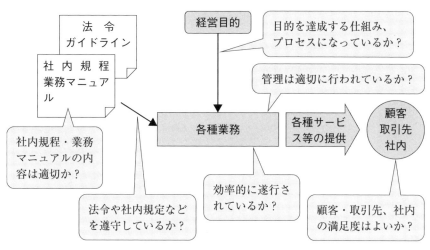

図 6.5　業務監査の視点

②　コンプライアンス（法令・社内規程などの遵守）

ビジネスを行うためには、それに関係する法令やガイドラインの制約を受ける。また、社内規程や業務マニュアルで具体的な業務手順や事務処理について定められている。業務監査では、社内規程や業務マニュアルの法令やガイドラインへの準拠性や、社内規程・業務マニュアルの遵守状況を確かめる。

③　効率性

業務監査で重要な視点は、業務を効率的に遂行する仕組みがあるか、業務が効率的に遂行されているか確かめる。

④　品質確保・不正防止

生産、物流、販売、調達などの業務処理の正確性や、顧客サービスの品質を確保する体制や仕組みがあるかを確かめる。また、不正防止の仕組みがあり、それが有効に機能しているか確かめる。

⑤　顧客満足度

さまざまな業務は、顧客（社内を含む）に対して何らかのサービスを提供するものである。したがって、こうしたサービスを受ける顧客がそれに満足してい

るかの視点から監査を行うことも重要である。

6.5　システム監査

(1)　システム監査の目的

　システム監査は、情報システム監査と呼ばれたり、IT 監査と呼ばれたりすることがある。経済産業省は、「システム監査とは、専門性と客観性を備えたシステム監査人が、一定の基準に基づいて情報システムを総合的に点検・評価・検証をして、監査報告の利用者に<u>情報システムのガバナンス、マネジメント、コントロールの適切性等</u>に対する保証を与える、又は改善のための助言を行う監査の一類型である。」(経済産業省：『システム監査基準』、2018 年 4 月 20 日より。下線は筆者)としている。

　システム監査は、IT がビジネス目標の達成に貢献するための仕組みやプロセスが構築され、有効に運用されているか、つまり IT ガバナンスの確立状況を点検・評価するものだといえる。

(2)　システム監査の視点

　システム監査は、図 6.6 に示すような視点から実施される。

①　IT 計画の策定状況

　IT に関する方針(IT 戦略)や計画が策定されているか確かめる。例えば、IT 戦略および IT 計画が経営者によって承認されていること、経営戦略との整合がとれていること、目標が適切に設定されていることなどを確かめる。

②　組織・体制の整備

　IT 戦略および IT 計画を実施するための組織や体制が整備されているか確かめる。例えば、IT の責任部門が明確になっていること、IT 戦略や IT 計画を策定する権限・責任が明確になっていること、IT スキルを有した要員が確保されていること、IT に関する規程(企画・開発・運用・保守など)が策定されていること、などを確かめる。

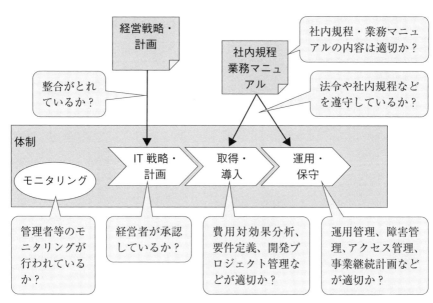

図 6.6 システム監査の視点

③ 開発・調達の適切性

システム開発および調達が適切に行われているか確かめる。ここでいう「調達」とは、パッケージソフトやミドルウェア（例えば、データベース管理システムのようなソフトウェア）などのソフトウェアの購入のことを意味している。ソフトウェアを自社開発するのではなく、パッケージソフトを購入して開発するケースのことである。例えば、システム開発計画が適切に策定され権限者の承認を受けていること、ユーザーがシステムの要件定義に参加し承認していること、開発プロジェクトの管理が適切に行われていること、システム化の費用対効果が適切に分析されていること、システムテストが適切に行われていることなどを確かめる。

④ 運用・保守の適切性

システム運用およびシステム保守が適切に行われているか確かめる。例えば、システム運用スケジュールおよび実績管理が適切に行われていること、運用と

6
内部監査の種類

開発の職務が分離されていること、障害管理が適切に行われ再発防止策が講じられていること、例外処理が適切に行われていること、アクセス管理が適切に行われていること、バックアップが適切に取得されていること、ネットワークやサーバーなどの情報機器が適切に管理されていることなどを確かめる。

⑤　モニタリングの適切性

IT 戦略および IT 計画の進捗が管理されているか、IT に関する組織・体制が有効に機能しているか、開発・調達、運用保守が適切に実施されているか確かめる。例えば、各部門の管理者によるモニタリングの状況を確かめる。なお、内部監査として実施するシステム監査は、モニタリングに含まれる。

6.6　コンプライアンス監査

(1) コンプライアンス監査の目的

コンプライアンス監査は、企業や組織が法令・ガイドラインなどに従って業務を行っているか確かめることを目的としている。また、コンプライアンスは、「法令遵守」と訳されるが、法令への遵守だけでなく、経営理念や企業の行動規範への遵守も含まれる。例えば、取引先との飲食などに関する行動規範を遵守しているかも確かめる（**図 6.7**）。

コンプライアンスを広義に捉えると、コンプライアンス監査の項目は、会計監査や業務監査などと重複する部分が少なくない。例えば、会計監査では、企業会計原則、税法などの遵守状況を点検・評価するわけだが、これは会計原則や税法に関するコンプライアンス監査と考えることもできる。また、業務監査でも、業務の仕組みや業務プロセスを監査する過程で、政府の各種規制や所管官庁のガイドラインなどの遵守状況を点検・評価することになる。

一方、コンプライアンスを狭義に捉えれば、コンプライアンス監査の項目は、法令で定められた届出、許認可、台帳などの備付などの遵守状況になる。また、内部監査の目的であるビジネス目標達成への貢献状況や、業務の効率性などについては、コンプライアンス監査では監査しない。

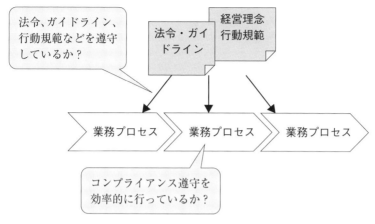

図 6.7 コンプライアンス監査の視点

いずれにしても、コンプライアンス監査は、会計監査、業務監査、システム監査、環境監査などと、監査範囲や監査項目について重複する部分があることに注意する。内部監査の実務では、各企業の内部監査の方針や体制を勘案して、どの種類の監査で実施するのか調整するとよい。例えば、情報システムに関する著作権の取扱いの適切性の監査をコンプライアンス監査で実施するのか、あるいはシステム監査で実施するのかを調整する。

6.7 環境監査

環境監査では、環境保護に関する管理の仕組みやプロセスが整備され運用されているか確かめる。このように説明すると、環境マネジメントシステム（ISO 14001）における内部監査を連想される読者も少なくないと思う。もう少し詳しく説明すると、環境監査には、内部監査で行われるものと、ISO 14001の一環として行われる内部監査がある。両者には、共通する部分もあるが、根本的に異なる部分もある。それは監査の目的である（**図 6.8**）。

内部監査として実施される環境監査では、ビジネスとの関係が重視されてい

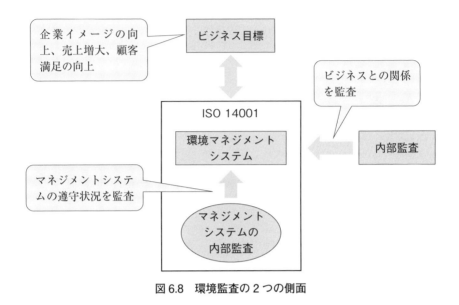

図 6.8　環境監査の２つの側面

ることである。ISO 14001 の一環として実施される内部監査では、環境方針に
従って構築された環境マネジメントシステムが有効に機能しているか確かめる
が、この場合の監査の目的は、環境マネジメントシステムが適切に維持・運用
されているかを確かめることである。構築された環境マネジメントシステムが
ビジネス目標の達成に貢献しているかどうかについては、マネジメントシステ
ムの内部監査の目的にはなっていないのである。

6.8　品質監査

　品質監査では、製品やサービスの品質が適切に管理されるような仕組みやプ
ロセスが整備され運用されているか確かめる。品質監査は、品質マネジメント
システム（ISO 9001）における内部監査を連想される読者も少なくないと思う。
もう少し詳しく説明すると、品質監査には、内部監査で行われるものと、ISO
9001 の一環として行われる内部監査がある。両者には、共通する部分もある

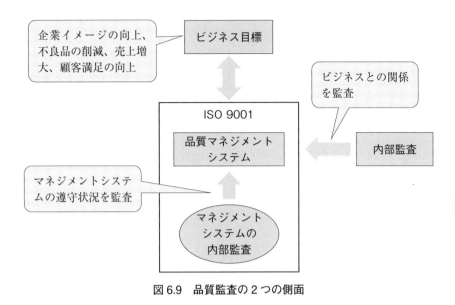

図6.9　品質監査の2つの側面

が、根本的に異なる部分もある。それは監査の目的である（**図6.9**）。

　内部監査として実施される品質監査では、ビジネスとの関係が重視されていることである。ISO 9001の一環として実施される内部監査では、品質方針に従って構築された品質マネジメントシステムが有効に機能しているか確かめるが、この場合の監査の目的は、品質マネジメントシステムが適切に維持・運用されているか確かめることである。構築された品質マネジメントシステムがビジネス目標の達成に貢献しているかどうかについては、監査の目的にはなっていないのである。

6

内部監査の種類

第7章
業務別の監査ポイント

7.1　会計業務の監査ポイント

　会計監査では、会計業務に関する体制や責任者などが明確になっているか、担当者の業務分担が明確になっているか、管理者が定期的に会計業務をチェックしているか、会計システムが適切に利用されているかなどを確かめる。また、経理担当者が計画的に育成されているか確かめる。さらに、**表7.1** に示すような事項について、チェックするとよい。

表7.1　会計業務の監査ポイント（例）

項　　目	監査ポイント
勘定科目の正確性	• **資本的支出と修繕費**：修繕費の中に機能の追加など資本的支出に該当するものがないか。金額の大きな修繕費を抽出し、内容の妥当性を確かめる。 • **広告宣伝費と交際費**：広告宣伝費について、宣伝効果を勘案して、著しく金額の大きな支出はないか。 • **会議費と交際費**：一人当たりの支出金額が大きな会議費について、酒類を供するなど交際費に該当するものがないか。

表7.1　つ　づ　き

項　　目	監査ポイント
計上日の正確性	• 年度末計上：翌年度に計上すべき費用を当年度に計上していないか。 • 年度初めの計上：前年度に計上すべき収益を当年度に計上していないか。前年度に計上した収益の取消をしていないか。
現預金残高の正確性	• 現金残高(小口現金を含む)が帳簿残高と一致しているか。 • 預金残高が帳簿残高と一致しているか。
BS 残高の確認	• 残高があってもよい科目と残高があってはいけない科目を分析して、異常値はないか。例えば、前払費用の年度末の精算漏れがないか。
発生額の妥当性	• 推移分析：発生額が一定であるべき勘定科目(例：賃借料、賃貸料)が変動している場合は、その理由が妥当か。当月計上した売掛金が、翌月回収されているか。 • 部門比較：発生額を部門別に比較して、偏りのある部門はないか。
訂正処理の適切性	• 勘定科目などの訂正処理の発生状況：訂正処理が増加していないか、部門別・担当者別に見て偏りはないか。 • 再発防止策：訂正処理の再発防止策が講じられているか。
職務の分離	• 出納担当者と記帳担当者：職務が分離されているか。 • ファームバンキング：ユーザー ID とパスワードの管理が適切に行われているか。残高確認が毎日行われているか。

7.2　営業業務の監査ポイント

営業業務を対象にした監査では、表7.2に示すような項目についてチェックするとよい。

表7.2　営業業務の監査ポイント（例）

項　　目	監査ポイント
業績評価のリスク	・業績評価の対象（売上高、利益、受注額）：業績評価の対象が事業特性などに応じて適切に設定されているか。 ・業績評価の厳しさと不正リスク：実態を無視した業績目標が設定されていないか。
値引の有効性	・値引の承認手順：社内規程などに従って値引が承認されているか。 ・値引による売上への貢献：値引が売上増大につながっているか。 ・値引額の妥当性：値引額の検証が行われているか。
販売手数料の有効性	・販売手数料の承認手順：社内規程などに従って販売手数料が承認されているか。 ・販売手数料による売上への貢献：販売手数料が売上増大につながっているか。 ・販売手数料の対象：販売手数料の対象が事前に検討され、事後検証が行われているか。 ・販売戦略との整合性：販売戦略と整合がとれた販売手数料体系になっているか。
利益率の妥当性	・利益率が非常に高いあるいは低い商品・案件：利益率の分析が行われているか。利益率が著しく高い商品・案件、または著しく低い商品・案件の分析、改善が行われているか。
返品の妥当性	・返品の発生状況：返品が増加傾向になっている場合には、改善策が講じられているか。 ・返品の発生時期：年度初めの返品が発生していないか。 ・事業所・担当者への偏り：特定の事業所・担当者に返品が偏って発生していないか。

7

業務別の監査ポイント

表7.2　つ　づ　き

項　　目	監査ポイント
営業管理の有効性	• 管理者による管理：営業日報や営業支援システムを用いて管理を適切に行っているか。 • 営業担当者の育成：営業担当者の人材育成を考えて業務分担、教育などを行っているか。
CS、クレームの活用	• CS の把握：CS を定期的に把握しているか。 • 顧客要望やクレームの活用：顧客からの要望やクレームに適切に対応し、サービスや商品改善に活用しているか。
与信・契約管理の適切性	• 与信管理プロセス：与信管理プロセスが構築され、与信額を定期的に見直しているか。 • 契約締結プロセス：契約内容が適切か、また契約が事前に締結されているか。

ライフサイクルで監査する意義

　業務監査では、業務プロセスや業務遂行体制が適切かどうかを監査するが、システム監査の場合には、企画、開発、運用というように情報システムのライフサイクルに沿って監査を行う。このようなライフサイクルに沿って監査をするテクニックを身につけると、営業所や工場などの新設プロジェクトの監査を行うときに活用できる。例えば、プロジェクト計画が適切か、プロジェクト計画で期待していた目的(売上目標や生産目標など)が達成されたか監査したり、プロジェクト管理が適切に行われているか監査する際に、システム監査のアプローチが役立つ。内部監査人は、実態を把握するためにさまざまな監査アプローチができるとよい。

7.3　物流業務の監査ポイント

物流業務の監査では、表7.3に示すような項目についてチェックするとよい。

表7.3　物流業務の監査ポイント(例)

項　目	監査ポイント
物流の効率性	• 過剰在庫：過剰在庫が発生しないような仕組みがあるか。 • 物流コスト：物流コストを低減するための取組みが行われているか。実際にコスト低減に結びついているか。 • 物流ルートの見直し：効率的な物流ルートにするために、定期的に物流ルートの見直しが行われているか。 • ロットの見直し：物流ロットの見直しを定期的に行っているか。 • 自動化・機械化：ピッキングなどの倉庫業務の自動化・機械化を推進し、コスト低減を推進しているか。
物流の安全性	• 交通事故の防止：交通事故防止のための安全教育、飲酒・酒気帯び運転の防止、過労運転の防止対策を講じているか。ドライブレコーダーの設置を推進しているか。 • 倉庫内の事故防止：フォークリフトの安全管理、荷崩れの防止対策を講じているか。 • 連絡・対応体制：事故が発生した場合の連絡・対応体制が定められ、周知徹底しているか。また、訓練を行っているか。
関連部門(業務)との連携	• 販売部門(業務)、生産部門(業務)との連携を図って、物流サービスの向上(例：納期短縮)、コスト低減に努めているか。 • CS(顧客満足度)向上のための取組みと連携しているか。
納期管理の適切性	• 納期が厳守されているか。また、納期遅延が減少傾向にあるか。
外部委託管理の適切性	• 委託先の選定：外部委託先の選定が適切に行われているか。 • 委託先の評価：外部委託先の評価を定期的に行い、業務品質の向上に努めているか。

表7.3　つ　づ　き

項　　　目	監査ポイント
配送センター、倉庫の管理状況	• 在庫量の把握：あるべき在庫があるか。棚卸を定期的に実施しているか。 • 不明品の有無：配送センター、倉庫内に不明品や汚損品などがないか。
コンプライアンスの確保	• 安全教育：安全教育を定期的に実施しているか。教育を受けていない者がいないか。 • 運転免許証：有効期限などのチェックを行っているか。 • 車検：有効期限切れが発生しないような仕組みがあり、有効に機能しているか。 • 積載量：積載量オーバーが発生しないような仕組みがあるか。

個人情報保護監査はコンプライアンス監査か？

　個人情報保護をテーマにした監査(個人情報保護監査)は、コンプライアンス監査の一環として実施するのか、あるいは情報システム監査の一環として実施すればよいのか。一般社団法人日本内部監査協会の「内部監査実施状況調査結果」を読むと、システム監査の一環として個人情報保護監査を実施していることが多いようである。ただし、同調査には、コンプライアンス監査という分類がないので、コンプライアンス監査として実施している企業はわからない。個人情報保護監査では、個人情報が含まれるデータベースのアクセス管理を監査したり、システムの運用管理を委託している外部委託先の監査を行わなければならないので、システム監査の一環として実施するとよい。

　なお、内部監査では、さまざまな業務や部門を対象にしてさまざまな視点から監査を実施するので、どの監査に分類するのかについては、あまり重要とはいえない。

7.4　生産業務の監査ポイント

生産業務の監査では、表7.4に示すような項目についてチェックするとよい。

表7.4　生産業務の監査ポイント（例）

項　　目	監査ポイント
販売計画との整合性	• **生産数量**：生産数量を最適化するために販売計画との整合をとる仕組みがあるか。 • **販売と生産のタイムラグ**：販売数量の増減が生産計画へタイムリーに反映されているか。 • **在庫数量**：在庫数量をタイムリーに把握し、過剰在庫を防ぐ仕組みがあるか。
品質管理の適切性	• **不良品**：不良品が増加傾向にないか。不良品を低減する取組みを行っているか。 • **顧客のクレームの反映**：顧客からのクレームを品質向上などに活用しているか。 • **ISO 9001（品質マネジメントシステム）導入による改善効果**：導入の効果が現れているか。
生産効率の向上	• **生産効率の分析**：生産効率が向上しているか。 • **課題の発見**：生産効率を数値化して、ボトルネックの発見、解決に取り組んでいるか。 • **改善策**：発見した課題を解決するための改善策を策定し、実施しているか。
スクラップの処理	• スクラップの処分、売却が適切に行われているか。特に有価物について、不当に安い価格で売却していないか。
生産ノウハウの維持向上	• **人材育成**：生産部門の人材育成計画が策定され、それを実施しているか。今後不足する人材を特定し、それへの対応策を講じているか。 • **文書化**：生産ノウハウの属人化を防ぐために、ノウハウの文書化を行っているか。 • **ノウハウの機密保持**：生産ノウハウ、原価情報などの機密保持策を講じているか。特に機密情報に対するアクセス管理を適切に行っているか。

7

業務別の監査ポイント

表7.4　つ　づ　き

項　　目	監査ポイント
安全管理の適切性	・労働災害の発生状況：労働災害の発生が増加傾向にないか。労働災害を低減するための取組み(例：教育、労働環境の改善)を行っているか。 ・コンプライアンス：法令で定められた届出を適切に行っているか。
SCM(サプライチェーンマネジメント)の有効性	・SCMの導入状況：導入を推進し、サプライヤーとの連携を図っているか。 ・SCMの効果：SCM導入による効果が挙がっているか。
BCP(事業継続計画)/BCM(事業継続管理)の適切性	・災害時の対策：災害時の生産体制を構築しているか。また、訓練を実施しているか。 ・原材料の調達(SCMを含む)：災害時における原材料の調達体制、ルートなどを検討しているか。 ・人員の確保：災害時の人員確保計画を策定し、訓練を実施しているか。また、外部委託先を含めた体制になっているか。

「適切に」の意味

　監査では、よく「○○が適切に行われているか」という表現が出てくる。経験の浅い内部監査人は、「適切に」の意味を理解することが難しい。監査では、監査対象部門がどこまでやれば「適切なのか」を、監査チームで具体的に考えて判断基準を明確にしておくことが大切である。例えば、入退出管理は、二重でよいのか三重でよいのかを明確にしておかないと、「適切に」の判断に内部監査人の間でばらつきが生じてしまう。

7.5　調達業務の監査ポイント

調達業務では、表7.5に示すような項目についてチェックするとよい。

表7.5　調達業務の監査ポイント（例）

項　　目	監査ポイント
承認手続の遵守状況	・**決裁権限の逸脱**：購買マニュアルに照らし合わせて、決裁権限を逸脱したものがないか。特に、物品やサービスごと、あるいは部門ごとに決裁権限が多岐にわたる場合には、注意が必要である。また、業務効率の視点から問題がある場合には、権限の見直しなどを改善提案する。 ・**事前購買（事後承認）**：決裁を得る前に事業者に発注行為を行っていないか。決裁日と納品日・工事着手日の逆転がないか。 ・**分割購買**：1案件を分割して購買を行っていないか。同じ購入先・件名（品名）などで抽出して確かめる。
コスト削減の推進状況	・**コスト削減への取組み状況**：コスト削減の目標が設定され、それが達成されているか。コスト削減の達成率に不自然さがないか（例：目標設定が甘いために常にコスト削減実績が目標を大幅に上回っているような状況がないか）。 ・**同一品目の価格比較**：事業所ごとに購買が行われている場合には、同一品目で価格が異なってないか。 ・**見積合せ**：見積合せ、競争入札の実施状況を確かめる。随意契約が多数発生していないか。 ・**購買の集中**：購買業務が分散しすぎていないか。購買業務の集中・一元化によるコスト削減が図れないか。
スペックの適切性	・**過剰スペック（機能）**：過剰なスペックが発生しないように業務上の必要性を勘案してスペックを決めているか。 ・**調達数量**：調達数量が過剰にならないように、利用状況をチェックしたり、業務上の必要性を勘案したりして調達数量を決めているか。
調達先の評価	・**調達時の評価**：調達時に調達先の評価（評判、品質、納期、価格、財務状況など）を適切に行っているか。 ・**定期的評価（委託、保守など）**：清掃や警備の委託、保守業務などについて、定期的に納期、品質などをチェックしているか。

表7.5　つ　づ　き

項　　目	監査ポイント
調達プロセスの効率性	• 購買依頼から納品までの期間：購買依頼から納品までに要している期間が適切か。期間を短縮できないか。 • 1 案件当たりの工数：調達案件の処理 1 件当たりに要している工数が多くないか（異常値の発見、減少傾向か増加傾向か）。 • ボトルネックの有無：調達担当者によって業務負荷のばらつきがないか。管理者でボトルネックが発生していないか。
不正防止の適切性	• 職務の分離：購買依頼担当者、購買承認者、納品検収担当者で職務の分離ができているか。 • 取引先登録：取引先の登録が勝手にできないようなチェックの仕組みがあるか。

データを活用する

　企業等を始め官公庁・自治体でも電子決裁が進んでいる。内部監査では、電子決裁のデータを活用することを忘れてはならない。いわゆるワークフローシステムでは、決裁の記録（ログ）が残るので、誰がいつどれくらいの時間をかけて決裁したかがわかる。IT 部門からデータを入手して、分析してみれば、決裁までにかかった時間を分析することもできるし、内容をよく見ないで決裁していることも発見できる（例えば、1 分間に 10 件決裁しているような不適切な事例を発見できるからである）。

7.6　人事業務の監査ポイント

人事業務の監査では、表7.6 に示すような項目についてチェックするとよい。

表7.6　人事業務の監査ポイント（例）

項　　目	監査ポイント
人事戦略の妥当性	• 経営戦略との整合：経営戦略と人事戦略の整合がとれているか。 • コア人材：自社の事業にとって必要なコア人材が明確になっているか。 • アウトソーシング：アウトソーシングは、経営戦略と整合がとれているか。アウトソーシングによるデメリットを検討し、必要な対策が講じられているか。
要員計画の妥当性	• 経営計画との整合性：要員計画は、経営計画と整合がとれているか。 • 採用（新卒・中途）：新卒および中途採用の根拠が明確になっているか。 • 退職（定年退職者数、離職率、退職理由など）：退職者の見通しが妥当か。 • 要員構成（年齢、スキルなど）：要員構成を適切に把握し、将来必要になる要員構成が明確になっているか。またそれにもとづいて、要員計画や教育計画を策定しているか。
人材育成の適切性	• 将来の人材像：将来必要になる社員像を明らかにしているか。また、それは経営戦略と整合がとれているか。 • スキル構成：現在のスキル構成と将来のスキル構成を明確にしているか。 • 教育（計画と実施）：教育計画が策定され、それにもとづいて教育が実施されているか。要員に対して必要な教育が実施されているか。教育の対象者に大きな偏りがないか。 • 離職率・理由：離職率が著しく高い部門・事業所がないか。退職理由を分析し、必要な対応策を講じているか。新人の離職率が著しく高い職場はないか。

7

業務別の監査ポイント

表7.6　つ　づ　き

項　　目	監査ポイント
ES（従業員満足度）の実施状況	• ES 調査の実施状況：ES 調査を定期的に実施しているか。調査対象が全従業員になっているか（パートタイマー、嘱託なども含まれているか） • ES 結果の人事戦略・計画への反映：ES の結果は、人事戦略・計画に反映されているか。
人件費の管理	• 給与体系、福利厚生、退職金、年金などの会計処理が適切に行われているか。 • 固定資産の取得にかかる人件費は、固定資産の取得価額に計上されているか。
人事評価の適切性	• 公平性：人事評価は、部門・事業所によって著しい差異がないか。 • バランス：人事評価を公平に行うような仕組みがあるか。
安全衛生の確保	• 労働環境：労働環境の改善に努めているか。働き方改革を推進しているか。「くるみん」などの認定取得に取り組んでいるか。 • 委員会等の開催：労働安全衛生委員会などが設置され定期的に開催されているか。

業務計画をどのように監査すればよいか？

　業務計画の監査は、新任の監査人には難しいのではないだろうか。内部監査人は、物事を疑ってみるようにするとよい。例えば、業務計画に「○○を強化する」と記載されている場合には、○○が弱いということの表れなので、弱い部分に焦点を当てて監査を行うとよい。また、5 年分の業務計画をレビューして、毎年、「納期厳守の徹底」が重点課題として記載されている場合には、改善が進んでいないことの表れなので、そこを中心に監査を行うとよい。

7.7 研究開発業務の監査ポイント

研究開発業務の監査では、**表7.7**に示すような項目についてチェックすると
よい。

表7.7 研究開発業務の監査ポイント（例）

項　　　目	監査ポイント
研究開発戦略の妥当性	• **経営戦略との整合性**：研究開発戦略は経営戦略と整合がとれているか。 • **営業戦略との整合性**：研究開発戦略は、営業戦略と整合がとれているか（営業戦略を支援するような研究開発を行っているか）。 • **クレーム、顧客からの要望の反映**：顧客からのクレームや要望に対応するような研究テーマが設定されているか。 • **パテントマップ**：パテントマップが作成され、重点を置くべき特許領域が明確になっているか。また、それにもとづいて研究開発戦略が策定されているか。
研究開発の案件管理	• **マイルストーン**：研究開発案件について、マイルストーンが明確になっているか。それをベースに研究開発案件の管理が行われているか。 • **費用管理**：費用管理が適切に行われているか。予算と実績が同額のものがないか（「預け金」のリスクがないか）。 • **研究成果の評価**：研究成果を定期的に評価しているか。評価結果を踏まえて、研究開発計画の見直しが行われているか。 • **商品・サービスに対する貢献**：商品やサービスの提供に研究開発案件が貢献しているか。
研究開発用の機器・備品などの管理	• **研究用機器の調達・廃棄**：不要な研究用機器の調達が行われていないか。購入された研究開発用機器は有効に活用されているか。研究開発用機器の廃棄は、適切に行われているか（1年以上の場合には、固定資産として受入れ処理が行われているか）。 • **薬品等の管理**：薬品等の管理が適切に行われているか。特に劇物・毒物の管理は厳重に行われているか。

7

業務別の監査ポイント

表7.7　つ づ き

項　　目	監査ポイント
研究開発情報の管理	・アクセス管理：研究開発用のサーバーや資料へのアクセス管理が適切に行われているか。 ・学会発表、プレス発表など：学会発表やプレス発表を行う場合に、事前のチェックを行っているか（発表した結果、特許出願に影響を及ぼさないような仕組みがあるか）。 ・退職者対策：退職者による研究情報流出対策が講じられているか。
契約管理	・外部委託、共同研究に関する契約管理が適切に行われているか。特に知的財産権の取扱い、役割分担、費用負担が明確になっているか。
開発費の会計処理	・委託研究費の処理、共同研究費の処理が適切に行われているか（取扱いマニュアルが策定され、ミスを防止する仕組みがあるか）。
知的財産権の管理	・定期的なチェック（棚卸）：特許権、実用新案権などの棚卸を行い、不要になった特許権、実用新案権の対応が行われているか。

7.8　システム監査の監査ポイント

システム監査では、表7.8に示すような点についてチェックするとよい。

表7.8　システム監査の監査ポイント(例)

項　　目	監査ポイント
システム開発計画の妥当性	・システム化目的・目標：システム化による定量的効果、定性的効果が明確になっているか。稼働後に評価できるような指標になっているか。 ・費用対効果の妥当性：システム化効果の過大計上がないか。システム化費用の過小計上がないか。 ・開発範囲、システム化機能の明確性：システム化の範囲と機能が明確になっているか。 ・ユーザーの参画：システム化範囲およびシステム化機能の検討・決定には、優先順位付けなどにユーザーが参画しているか。 ・関係システムの対応コスト：他システムと連携しているシステムの場合には、インターフェースの改修に係るコストも計上されているか。 ・開発スケジュール：開発スケジュールは、他の案件と比較して無理がないか。特にシステム移行、テスト、教育などの期間が十分か。
システム開発完了報告の妥当性	・報告タイミング：システム開発完了報告のタイミングは適切か。また、安定稼働時におけるシステム化効果を評価しているか。 ・システム化効果・目標の達成状況：システム開発完了報告書に記載されたシステム化効果および目標は、システム開発計画と整合しているか。目的・目標が達成されているか。なお、システム化効果は、安定稼働してから評価し、報告しているか。 ・人材育成：システム開発における課題や工夫などを記載し、次の開発に向けたノウハウとして活用できるようにしているか。
変更管理(システム、およびデータ)の適切性	・変更管理手順：変更管理の手順が遵守されているか。変更管理手順において職務の分離が図られているか。 ・変更管理の発生状況：システムやデータ変更が多発しているシステムなどはないか。その原因を分析し、業務改善に努めているか。

7

業務別の監査ポイント

表7.8　つ　づ　き

項　　目	監査ポイント
障害管理の適切性	• 障害管理手順：障害管理手順が遵守されているか。 • 障害対応：障害対応が、迅速かつ適切に行われているか。また、障害の原因、影響範囲などが分析され、再発防止策を講じているか。特に応急対応を行っている場合には、本格対応を忘れずに行っているか。 • 障害の発生状況：障害が他システムと比較して著しく多く発生しているアプリケーションシステム、担当者、外部委託先がないか。ある場合には、改善策を講じているか。 • バックアップ：バックアップが適切に取得されているか。バックアップ媒体は、適切に保管管理されているか。
アクセス管理の適切性	• アクセス権の付与：アクセス権の付与は、業務上の必要性の視点から適切に付与されているか。 • パスワード管理：安全なパスワードを使用しているか。パスワードが第三者に見られないようにしているか。 • アクセス状況のモニタリング：アクセス状況を定期的にモニタリングしているか。また、使用していないアカウントについては、アクセス権を削除しているか。 • 非正規従業員の管理：パートタイマー、アルバイトなどに対して、アクセス権に関する教育を実施しているか。
サイバーセキュリティ対策の実施状況	• 入口対策：ファイアウォール、ウイルス対策ソフトウェア、IPS(不正侵入防止システム)、IDS(不正侵入検知システム)などのセキュリティツールを導入し、適切に運用しているか。 • 出口対策：外部の不審なサーバーに対するアクセスを検知し、通信を遮断するセキュリティツールを導入しているか。 • 内部対策：ウイルスなどの不正なプログラムの作動を検知する仕組みを導入しているか。また、サーバーなどの暗号化を行っているか。

7.9　コンプライアンスの監査ポイント

　コンプライアンス監査では、**表7.9**に示すような事項についてチェックするとよい。

表7.9　コンプライアンスの監査ポイント（例）

項　　目	監査ポイント
独占禁止法	独占禁止法について、次のような違反が発生しないような取組みを行っているか。 　• 取引拒絶 　• 差別対価 　• 不当廉売 　• 不当高価購入 　• 不当顧客誘引 　• 抱き合わせ販売 　• 排他条件付取引 　• 再販価格の拘束 　• 拘束条件付取引 　• 優越的地位の濫用 　• 競争者に対する取引妨害 　• 競争会社に対する内部干渉
下請法	下請法について、次のような違反が発生しないような取組みを行っているか。 　• 買いたたき 　• 受領拒否 　• 返品 　• 下請代金の減額 　• 下請代金の支払遅延 　• 割引困難な手形の交付 　• 購入・利用強制 　• 不当な経済上の利益の提供要請 　• 不当な給付内容の変更および不当なやり直し 　• 報復措置 　• 有償支給原材料等の対価の早期決済

7

業務別の監査ポイント

表 7.9　つ　づ　き

項　　目	監査ポイント
景品表示法	景品表示法について、次のような違反が発生しないような取組みを行っているか。 ・表示規制(優良誤認表示、有利誤認表示) ・過大な景品類の提供の禁止(一般懸賞、共同懸賞、総付景品の制限)
不正競争防止法	不正競争防止法について、次のような違反が発生しないような取組みを行っているか。 ・周知表示混同惹起行為 ・著名表示冒用行為 ・商品形態模倣行為 ・営業秘密関係 ・技術的制限手段回避装置提供行為 ・ドメイン名の不正取得等の行為 ・誤認惹起行為 ・信用毀損行為 ・代理人等の証憑冒用行為
労働基準法	労働基準法について、次のような違反が発生しないような取組みを行っているか。 ・残業時間の把握 ・賃金台帳、労働者名簿の備付・保存 ・就業規則の法令・労働協約への準拠 ・変形労働時間制の労働基準監督署への届出 ・出張時の勤務時間の取扱いに関する定め ・休日出勤、深夜残業の事前届出・承認 ・入退管理記録と出勤簿の整合 ・早朝出勤者への時間外手当の支払 ・残業時間の調整などの指示 ・名ばかり管理監督者
労働者派遣法	労働者派遣法について、次のような違反が発生しないような取組みを行っているか。 ・許可、届出のある派遣会社 ・年齢・性別を理由にした派遣就業の対象外 ・事前面接の禁止 ・二重派遣

表7.9 つ づ き

項　　目	監査ポイント
労働者派遣法	・派遣労働者の入替え時の、派遣受入れ期間の通算管理 ・定期的な就業場所などの巡回 ・三六協定を逸脱した時間外・休日労働 ・派遣会社における労働保険・社会保険の適用の確認 ・派遣労働者に対する教育、能力開発の機会、福利厚生制度の提供
個人情報保護法	個人情報保護法について、次のような違反が発生しないような取組みを行っているか。 ・利用目的の通知・公表 ・適正取得 ・安全管理措置 ・第三者提供 ・保有個人データの開示・訂正等の請求

7

業務別の監査ポイント

情報セキュリティ監査とシステム監査の違いは？

　情報セキュリティ監査では、情報資産（電磁データだけでなく口頭や紙の情報を含む）を対象にして、機密性、可用性、インテグリティ（完全性）の視点から監査を実施する。一方、システム監査では、電磁データを対象にして、情報セキュリティ監査の視点に加えて、戦略性、有効性、効率性、コンプライアンスなどの視点から監査を実施する。

　しかし、口頭で話した内容やホワイトボードに書いた内容は、デジタルカメラで撮影すると、システム監査の対象になってしまうので、情報セキュリティ監査との違いがわかりにくくなっている。

　情報セキュリティは、もともとシステム監査の領域に含まれているものであり、近年のサイバー攻撃やさまざまな不正アクセスに伴って、情報セキュリティの技術面が強調されたために、分離独立したものといえよう。

7.10　環境管理の監査ポイント

環境管理では、表7.10に示すような項目についてチェックするとよい。

表7.10　環境管理の監査ポイント（例）

項　　目	監査ポイント
ビジネスにとっての有効性	経営目的（企業に対する安心や信頼性の向上、顧客満足度の向上、ISO 14001の取得による売上の増大など）を達成するために、構築・運用されている環境マネジメントシステムが有効か。
環境方針の適切性	・経営理念や経営方針と環境方針の整合がとれているか。 ・環境方針が策定され、経営者の承認を受け、組織内に周知されているか。 ・環境方針は、当然のことながら、環境保護に関する法令やガイドラインに沿っているか。
環境リスク把握の適切性	・環境リスクの大きさを適切に評価しているか。 ・環境保護に関する法令やガイドラインを遵守しているか。 ・環境リスクの評価は、企業の立場に立って評価するのではなく、顧客、取引先、周辺住民、従業員など社会的な視点に立って行われているか。
環境目標の適切性	・環境目標の設定は、法令やガイドラインを遵守した目標になっているか。 ・リサイクル、リユース、リデュース（ごみなどの削減）などの目標設定が適切か。
環境対策の実施状況	・ISO 14001で定めた対策が実施されているか。 ・法令で定められた公害防止等の装置が設置され適切に運用されているか。 ・廃棄物処理が定められた手順どおりに実施されているか（工場設備やその運用に関する十分な知識を内部監査人がもっていない場合には、資料の内容を具体的に質問したり、工場の設備の役割や機能、日常の運営・監視手順、故障などの場合の取扱いを質問したりして、疑問点をさらに追求すること）。

表7.10　つ　づ　き

項　　目	監査ポイント
公害防止対策の実施状況	・汚染物質の垂れ流しや騒音などの防止に関する対策が適切に講じられ、実施されているか(周辺住民などから工場や本社に寄せられた苦情などの記録を確かめる)。 ・同業他社などで発生している事案について、自社ではどのような対応をとっているか。
廃棄物処理の適切性	・廃棄物が適切に処理されているか。 ・処理プロセスを把握して、不法投棄などが行われる可能性がないか。 ・マニフェスト管理が適切に行われているか。

監査ポイントの見つけ方

　経験の浅い内部監査人は、規程やマニュアルに従って業務を行っているかという点について監査しがちである。もちろん、規程やマニュアルへの準拠性の監査は重要だが、規程やマニュアルがない業務がある。その場合には、どのように監査ポイントを見つければよいのだろうか。ある内部監査人は、監査対象部門のミッションや業務分掌を参考にして監査ポイントを設定しているそうである。例えば、企業の製品や歴史などを紹介する企業館を監査する際には、企業館の目的を把握して、それを実現するための事業計画が策定されているかを監査する。小中学生を対象にして自社製品の歴史を紹介し、自社製品に親しみをもってもらうことを目的としているのであれば、小中学生向けのプロモーション活動をしているか、来館者アンケートをとって満足度を分析し、展示の見直しに反映させているか、などを監査する。

　内部監査に場合には、このようなアプローチ方法もあることを知っていると、監査に幅をもたせることができる。

7

業務別の監査ポイント

7.11　品質管理の監査ポイント

品質管理では、表 7.11 に示すような項目についてチェックするとよい。

表 7.11　品質管理の監査ポイント (例)

項　　目	監査ポイント
ビジネスにとっての有効性	• 製品やサービスの品質向上による売上の増大、不良品発生率の低減、顧客サービスの向上といったビジネス目的を達成するために、構築・運用されている品質マネジメントシステムが有効なものとなっているか。 • 品質に関するビジネス目標が明確になっているか。定性的な目標設定だけでなく、可能な限り定量化して目標設定しているか。
品質方針の適切性	• 経営理念や経営方針と品質方針の整合がとれているか。 • 品質方針が策定され、経営者の承認を受け、組織内に周知されているか。 • 品質方針は、当然のことながら、製品品質に関する法令やガイドラインを遵守しているか。
品質リスク把握の適切性	• 品質リスク(製品が定められた品質を確保できないリスク)を適切に把握しているか。 • リスクの大きさが適切に評価されているか。 • ISO 9001 の認証を取得しているプロセス(または事業所)と、認証を取得していないプロセス(または事業所)の両方のリスクを把握しているか。 • SCM(Supply Chain Management)を導入している場合には、自社のリスクだけを評価するのではなく、原材料や部品の調達先で発生するリスクや、製品やサービスの提供先に及ぼす影響などを含めて、リスク評価が行われているか。
品質目標の適切性	• 品質目標の設定が適切性か。 • コストを考慮した目標設定になっているか。

表7.11　つ　づ　き

項　　目	監査ポイント
品質管理対策の実施状況	・品質管理対策は、例えば ISO 9001 で定めた要求事項が実施されているか。 ・監査人が工場設備やその運用に関する知識などを十分にもっていない場合には、資料の内容を具体的に質問して確認したり、工場の設備の役割や機能、日常の運営・監視手順、故障などの取扱いを確かめる質問をしたりして、疑問点をさらに追求するといった監査人の姿勢が重要になる。
品質管理実績の管理状況	・品質目標が達成されているか。 ・工場ごとの比較、製品ラインごとの比較などを行って、品質目標の達成状況が極端に低いものがないか。
ベストプラクティスによる品質改善	・品質管理が優れている部門・工場、製品やサービスを発見して、その成功要因を分析しているか。 ・その結果をもとにして、他部門・工場、製品やサービスの品質改善に活用しているか。

7

業務別の監査ポイント

7.12　その他業務の監査ポイント

　その他の業務の監査では、表 7.12 に示すような項目についてチェックするとよい。

表 7.12　その他業務の監査ポイント(例)

項　　目	監査ポイント
総務	• 業務計画：業務計画が策定され、進捗管理を行っているか。 • 予算管理：予算対実績管理が適切に行われているか。コスト削減に取り組んでいるか。 • 人材育成：総務担当者の人材育成に努めているか。特に反社会的勢力への対応、地元対応などの人材育成に努めているか。 • 建物管理：会議室を効率的に利用するようにしているか。また、建物設備管理について、法令等に従って適切に行っているか。 • 車両管理：社有車の管理について、運転手管理を含めて適切に行っているか。 • 地域対応：地域社会(自治会、商店会など)への対応を適切に行っているか。 • 反社会的活動への対応：反社会的活動への対応体制が構築されているか。警察などとの連携体制が構築されているか。 • 他部門との責任・権限：他部門の業務との切り分けができているか。
広報	• 広報体制：マスコミ対応などの広報体制が整備されているか。事業所がある場合には、事業所を含めて一元的な対応がとれるようになっているか。また、マスコミとの窓口が整備され、日頃からマスコミとのコミュニケーション形成に努めているか。 • 広報方針：広報に関する企業等の方針が明確になっているか。それが広報担当者に周知・徹底されているか。 • 発信情報の正確性・適時性：外部に発信する情報の正確性・適時性を確保する仕組みがあるか。 • 情報管理：著作権等の権利侵害防止を図っているか。新聞、テレビ、雑誌などへの掲載状況を把握し、掲載されるように努めているか。

表 7.12 つ づ き

項　　目	監査ポイント
経営企画	• **経営戦略の PDCA**：策定された経営戦略の実施状況を把握し、次の計画の改善に反映させているか。各部門の状況を的確・適時に把握するための工夫をしているか（誤った情報の排除）。 • **経営戦略の前提（経済環境、為替レートなど）状況の妥当性**：経営戦略の前提となっている経済指標などは妥当なものか。使用した経済指標などを事後評価して、次の経営戦略の策定に反映させているか。 • **リスク評価の妥当性**：経営戦略の実現を阻害するリスクを関係者を集めて適切に行っているか。 • **計画の実行可能性**：計画の実行可能性を評価しているか。経営目標が毎年達成されないような実現性の低い計画になっていないか。 • **子会社との連携**：子会社の経営計画との連携を図っているか。整合がとれた経営戦略になっているか。 • **経営戦略の周知・徹底**：経営戦略が周知徹底しているか。各部門・事業所に浸透しているか。 • **マネジメントシステムとの連携**：品質マネジメントシステムや環境マネジメントシステムなどとの連携を図った経営戦略になっているか。

7

業務別の監査ポイント

第8章
監査の着眼点と
上手な指摘・改善提案

8.1 監査の着眼点

(1) 監査の着眼点とは

監査の着眼点は、どのような視点で点を監査で確かめるかという視点のことである。着眼点としては、表8.1 のようなものがある。

監査では、監査資源の制約があるので、これらのすべての視点から監査を実施することは難しいので、重要性の高い視点に絞って監査を行うことになる。

表8.1　監査の着眼点

着眼点	説　明
準拠性	社内規程・業務マニュアルなどが遵守されているか。
戦略性	経営戦略に沿って業務が行われているか。
有効性	業務が有効に行われているか。業務目標が達成されているか。
効率性	業務が効率的に行われているか。
正確性・信頼性	業務処理が正確に行われているか、情報が信頼できるか。例えば、商品名、金額、年月日、配送先などが正確に処理されているか。
適時性	業務処理が適時に行われているか。
コンプライアンス	法令・ガイドラインなどを遵守しているか。広義には、経営理念や従業員の行動規範を遵守しているか。

どの監査視点を重視するかによって、監査手続も異なる。つまり、重要な監査視点に関係する監査手続を考えて監査手続書を作成することになる。

(2) ベテラン内部監査人と新任内部監査人の違い

初めて監査を担当することになると、どのように監査を進めていけばよいのか悩むことになる。そのときに頼りになるのは、監査手続書である。監査手続書に記載されている内容に従って、資料をレビューしたり、関係者にインタビューしたりすることになる。新任の内部監査人の場合には、監査手続書に記載されている監査手続を実施することだけで精一杯であり、何を行っているのかよくわからずに監査することが少なくない。しかし、経験を積むことによって、監査が何となくわかるようになる。

監査手続書に記載されている監査手続を何のために実施するのか、社内規程や業務マニュアルへの準拠性を確かめるために行う監査手続なのか、有効性や効率性を確かめるために行う監査手続なのかを理解できるようになると、監査の品質も向上してくる。監査手続の意味を知れば、別の見方でも確かめる必要があるのではないかといった疑問をもつようになる。

経験を積んだ監査人は、事実を把握するために多面的な見方ができる。また、調べるためにさまざまな監査技法を駆使することができる。これが、ベテランの内部監査人と新任の内部監査人の違いだといえる。

(3) 多面的な監査

内部監査は、企業内のすべての部門・業務を対象にして監査を行うので、多面的に監査する必要がある。公認会計士監査の場合には、財務情報の信頼性が主要な関心事なるが、内部監査ではさまざまな視点から監査する必要がある（図 8.1）。付加価値を生む内部監査を実施するためには、事象を多面的に捉える能力の向上が不可欠である。

具体的には、ERM（Enterprise Risk Management：全社的リスクマネジメント）の視点から見て、問題はないか、PDCA サイクルの視点から見て、不十

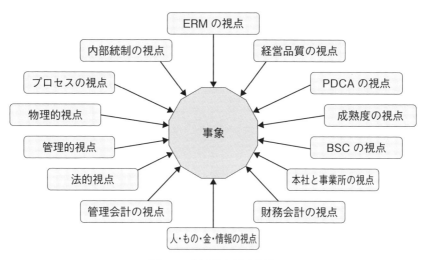

図 8.1　多面的な監査視点

分な点がないか、BSC（バランススコアカード）の４つの視点から見て、不十分な点がないか、人・もの・金・情報の視点から見てバランス良く対応ができているかというようにチェックする。内部監査人は、**図 8.1** に示す視点についてすべて理解する必要はなく、自分の得意な視点をいくつか身につけておけばよい。特に監査対象部門の管理が弱い視点から監査を行うように心掛けるとよい。

（4）執行側と異なる見方

　監査対象業務について最も詳しい者は、業務の担当者や責任者である。彼らは、日々の業務処理を行っているので、当該業務に精通している。内部監査人が、業務の担当者や責任者と同じ視点で監査対象の業務をチェックしても、相手が気づいていない問題点を発見することは難しい。内部監査人の中には、業務担当者や責任者との懇親会の場で、相手の本音を聞き出すという手法を用いている人もいる。他方、こうした手法は、監査人の独立性や客観性を阻害する恐れがあるので、監査期間中の懇親会は行わないようにしている内部監査部門もある。

8

監査の着眼点と上手な指摘・改善提案

それでは、どのような視点から監査対象業務や部門をチェックすればよいのだろうか。簡単にいえば、執行側と異なる視点で監査を行えばよい。

例えば、顧客や取引先の視点に立って業務に問題点がないかチェックしてもよい。顧客優先や顧客第一といった経営方針を立てていても、それが十分に行われていない場合がある。顧客の視点から見ると、顧客対応が不親切であったり、時間がかかっていたりする場合がある。事業所によって販売業務プロセスが異なっているような場合には、顧客は、どのように感じているだろうか、という疑問をもつことである。

また、パートタイマーやアルバイトの視点から業務をチェックして、教育が十分に行われているか、間違いの起りやすい業務プロセスになっていないかなどをチェックする。さらに、業務委託先の視点から発注業務に問題がないかチェックしてもよい。例えば、納期までの期間が十分ではないとか、業務内容が明確になっていないといった課題を発見できるかもしれない。

以上のように執行側とは異なる視点で監査対象業務や部門をチェックすることが重要である。

8.2　上手な指摘・改善提案

(1) 監査対象部門の立場に立った指摘・改善提案

内部監査で指摘されたり改善提案を受けたりするのは、監査対象部門にとってあまり気分の良いものではない。自分の行っている仕事を否定されたように感じるからである。内部監査人は、指摘や改善提案を行う場合には、このような監査を受ける側の気持ちを理解することが大切である（図8.2）。

例えば、次のような点に留意する必要がある。

① **リスクを伝えて相手の納得感を得る**

例えば、コンプライアンス上の問題点や契約の不備など監査対象部門が気づいていなかった問題点を放置することによって、監査対象部門にどのような影響を及ぼすことになるのかをわかりやすく説明する。

・法令、社内規程、マニュアルを遵守しているか。 ・ボトルネックはないか。 ・顧客や取引先からのクレームはないか。 ・人、もの、金、情報の流れについて、リスク（無駄、ムラ、無理など）がないか。 ・部門・事業所・部署・担当を横並びで比較してみる。 ・時系列で比較してみる。 ・将来のことを考えているか。	・原因は何か。 ・どのようにすれば改善できるか。 ・規程やルールの見直しが必要ではないか。 ・本来の目的は何か。 ・うまくやっている他部門・事業所などないか。 ・うまくやっている他社はないか。

指摘事項・
改善提案

図 8.2　指摘事項と改善提案

②　改善提案を相手の立場に立って行う

例えば、監視カメラの設置について改善提案する場合には、「不正防止のために監視カメラを設置する必要がある」と言うよりは、「適切に業務を行っていることを説明できるように監視カメラを設置する必要がある」と言ったほうが、相手から反発を受けにくい。

(2) 顧客・取引先の立場に立った指摘・改善提案

内部監査では、執行側と同じ視点で監査対象を点検・評価するだけでなく、顧客や取引先の視点から監査対象を点検・評価する必要がある（**図 8.3**）。顧客や取引先の立場に立って業務を見ると今まで気づかなかったことがわかるからである。例えば、物流業務を外部委託している場合に、顧客への納期遅延が発生していることを監査で発見したとする。委託元の部門では、外部委託先の責任にして納期遅延を説明するかもしれない。しかし、外部委託先から見ると、納品指示が納期ぎりぎりになって行われることから、納期に間に合わないかもしれない。また、自社の他店舗に顧客として訪れたときに、対応に不満を感じ

8

監査の着眼点と上手な指摘・改善提案

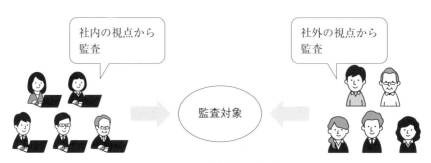

図 8.3　監査対象の見方

た場合には、監査対象の店舗でも同じような対応をしていないか確かめてもよい。

　このように顧客や取引先の立場に立って、監査対象を点検・評価することによって、自社の業務マニュアルの問題点を発見することができるかもしれない。

(3) 改善可能性の強調

　監査では、例えば、業務マニュアルどおりに実施していないことだけを指摘し、「業務マニュアルを遵守するように徹底する必要がある」といった改善提案を行いがちである。このような指摘や改善提案を行うのもやむを得ない場合もあるが、

　「このような方向で改善を行えば、業務が効率化する」

というような改善提案を行えば、今までとは異なった内部監査になる。また、

　「…のようにしているから苦情が多い」

という指摘を行うよりも、

　「苦情が多い原因は、…にある。業務プロセスを…の視点から見直せば、顧客サービスが向上する」

といった改善提案にするとよい。

　内部監査では、問題点が発生している原因(できれば根本原因)を究明し、それを改善することによって、顧客サービスや業務効率の向上、コスト削減などができることを強調した改善提案を行うことが重要である。

　公認会計士監査では、財務報告の信頼性を損なう問題点を指摘することに力点が置かれるが、内部監査では、問題点について、その根本原因を究明し、業務の改善につながる改善提案を行うことが目的である。したがって、改善可能性を強調した改善提案を行うことが重要である。

　改善提案では、次のような点に留意するとよい。

①　実行可能な改善提案

　技術的に可能な内容になっているか気をつける。例えば、「情報システムを改修することによって業務を改善する」という改善提案を行う場合には、情報システムの改修が技術的に可能なのか、可能であっても過大なコストがかからないか、という点を事前に情報システム部門などに確認する必要がある。また、契約の見直しを改善提案する場合には、相手との交渉・調整や法務部門への確認などが必要になり、時間もかかることがある。そこで事前に監査対象部門や法務部門に改善提案内容が実行可能かどうかを確かめるとよい。さらに、改善のための経営資源（人、もの、金、情報）があるか、監査対象部門に事前に確認することも忘れてはならない。

②　ステップバイステップの改善

　改善提案を理想論で行おうとすると、「現場の実態に合わない」として監査対象部門から反発されることがある。このような場合には、「今年度はここまで改善し、来年度はここまで改善する。最終的には、理想の姿に改善する」というようなステップバイステップの改善提案を行ってもよい。

③　法令違反や不正

　法令違反や不正は、直ちに改善しなければならない問題である。このような問題に対する改善提案については、強い姿勢で改善提案を行う必要がある。特に法令違反について、監査対象部門からの改善報告や改善計画が不十分な場合には、改善時期を含めて強い姿勢で指摘することが重要である。場合によっては、監査役や監査等委員会と連携を図って改善を進めるという方法をとってもよい。

8

監査の着眼点と上手な指摘・改善提案

第9章
J-SOX・各種マネジメントシステムとの違い

9.1　J-SOX に係る経緯

　金融商品取引法で上場会社に求められている内部統制の有効性評価（いわゆる J-SOX）を内部監査部門が実施していることが少なくない。一般社団法人日本内部監査協会が毎年実施している「内部監査実施状況調査」の結果を読むと、内部監査部門が内部統制の有効性評価を実施していることがわかる。

　内部統制の有効性評価に携わる新任の内部監査人も少なくないので、内部統制の有効性評価（J-SOX）についての知識をもつ必要がある。J-SOX は、2008年度からスタートしたが、それに係る経緯は、表9.1 のとおりである。

9.2　内部統制の意義

　企業会計審議会は、内部統制について次のように定義している。「内部統制とは、基本的に、業務の有効性及び効率性、財務報告の信頼性、事業活動に関わる法令等の遵守並びに資産の保全の4つの目的が達成されているとの合理的な保証を得るために、業務に組み込まれ、組織内のすべての者によって遂行されるプロセスをいい、統制環境、リスクの評価と対応、統制活動、情報と伝達、

表 9.1　J-SOX 施行の経緯

年	内　　容
1992	COSO レポート（内部統制の統合的枠組み）
2000	大和銀行事件
2001	エンロン事件
2002	ワールドコム事件
	米国 SOX
2004	わが国の上場会社の虚偽記載事件
	IT Control Objectives for Sarbanes Oxley
2006	金融商品取引法（内部統制報告・監査制度）
	IT Control Objectives for Sarbanes Oxley 2nd Edition
2007	財務報告に係る内部統制の評価及び監査の基準並びに財務報告に係る内部統制の評価及び監査に関する実施基準に関する意見書
	内部統制報告制度に関する Q&A
	システム管理基準 追補版（財務報告に係る IT 統制ガイダンス）
2008	内部統制報告制度に関する Q&A（追加）
	内部統制報告制度に関する 11 の誤解
2009	内部統制報告制度に関する Q&A（追加）
2011	内部統制報告制度に関する Q&A（改訂）
	内部統制報告制度に関する事例集
	財務報告に係る内部統制の評価及び監査の基準並びに財務報告に係る内部統制の評価及び監査に関する実施基準に関する改訂について（意見書）

モニタリング（監視活動）及び IT（情報技術）への対応の 6 つの基本的要素から構成される。」（企業会計審議会：「財務報告に係る内部統制の評価及び監査の基準」、2011 年 3 月 30 日より）。つまり、企業等の業務の有効性や効率性などの目的を達成するためのプロセスだといえる。

　企業等の業務の目的としては、売上や利益目標の達成が重要なものになっているが、これについては内部統制の有効性評価の対象外になっており、財務報告の信頼性の確保に重点が置かれていることを理解しておくとよい。

　なお、内部統制の基本的要素として「IT への対応」（IT 統制）が挙げられたが、これを契機にして、IT 統制の重要性が認識され、内部監査部門に IT 部門

経験者を配置するなどの対応が行われるようになった。企業会計審議会は、IT 統制について、次のように定めている。「IT への対応とは、組織目標を達成するために予め適切な方針及び手続を定め、それを踏まえて、業務の実施において組織の内外の IT に対し適切に対応することをいう。IT への対応は、内部統制の他の基本的要素と必ずしも独立に存在するものではないが、組織の業務内容が IT に大きく依存している場合や組織の情報システムが IT を高度に取り入れている場合等には、内部統制の目的を達成するために不可欠の要素として、内部統制の有効性に係る判断の規準となる。IT への対応は、IT 環境への対応と IT の利用及び統制からなる。」（企業会計審議会：「財務報告に係る内部統制の評価及び監査の基準」、2011 年 3 月 30 日より）。

9.3　J-SOX の評価手順

　内部監査部門が、内部統制の有効性評価を実施していることが少なくない。内部統制の有効性評価は、制度が始まってから時間が経っており評価業務も安定している。定められたコントロールが適切に運用されているかどうかをチェックする業務が中心であり、ルールどおりに業務が行われているかチェックすればよいので、新任の内部監査人が担当しやすい業務である。また、監査業務について慣れてもらうために、新任の内部監査人に内部統制の有効性評価業務を担当させることが多い。そこで、新任の内部監査人は、内部統制の有効性評価に関して理解しておく必要がある。内部統制の有効性評価は、**図 9.1** に示すような手順で行われる。

9.4　整備評価と運用評価

　新任の内部監査人は、内部統制の有効性評価において、整備評価と運用評価という言葉を聞くことがあり、何のことかわからないことがある。整備評価と運用評価は、以下のような関係にある。

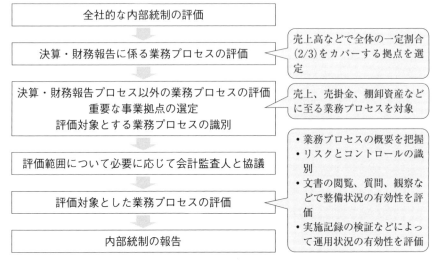

図 9.1　J-SOX における評価手順

図 9.2　整備評価と運用評価

（1）整備評価と運用評価の違い

　整備状況の評価とは、統制（コントロール）がリスクに対して有効かどうか、リスクの把握状況に漏れがないか評価することである。つまり、チェックする仕組みやプロセスがあるかを評価する（図9.2）。

　一方、運用状況の評価とは、整備されたコントロールが機能しているか、例えば、ルールどおりにコントロールを実施しているかなどを評価することであ

る。

　J-SOX の開始に際しては、整備評価に係る負荷が非常に大きかったが、J-SOX がスタートして 10 年以上経過しており、現在では運用評価の負荷が大きくなっている。

（2）整備評価の判断基準

　整備評価を行うときには、どこまで実施していれば妥当かどうか判断する基準、つまり評価基準が必要になる（図 9.3）。評価基準については、実施基準がベースになる。また、業務フローチャートにおいて、財務情報の信頼性・正確性を阻害する要因が洗い出されているかチェックする。例えば、入力ミス、勘定科目のミス、計上遅れなどの発生をリスクとして挙げているか確かめる。

　さらに、リスクを低減するためのコントロールが整備されているかチェックする。リスクとコントロールは対応したものになっていなければならない。例えば、仕訳では借方金額と貸方金額が一致しなければならないが、一致していない場合には、仕訳入力においてエラーとするコントロールが必要になる。また、リスクの大きさに見合ったコントロールにすることが重要である。例えば、100 円の物品を購入する場合のコントロールと、100 万円の物品を購入する場合のコントロールは、その内容が異なるはずである（100 万円のほうが厳格な金額や証憑のチェックが必要になる）。

　なお、実施基準では、どのレベルのコントロールを整備するかについて、具

図 9.3　評価の視点

体的な基準を示しているわけではない。そこで、自社で具体的な評価基準を決めておくとよい。

(3) 運用状況の評価基準

　運用評価は、整備評価と異なって、リスクとコントロールの対応関係をチェックするわけではない。運用評価では、整備されたコントロールが実施されているかチェックする。また、コントロールの実施状況には幅があるので、許容範囲を決めておく必要がある。コントロールの記載内容によっては、「有効」になったり「不備」となったりする可能性がある点に注意が必要である。なお、必要以上にコントロールを詳しく記載すると、ある部分は有効だが、別の部分は不備となり、当該コントロールの有効性が問題となることがある。

(4) 評価手法

内部統制の有効性評価の手法には、主に次のものがある。
　　①　質問(インタビュー)
　　②　ドキュメントレビュー（査閲）
　　③　観察(視察)
　　④　再実施(テスト)
なお、ドキュメントレビューで用いられる手法として、サンプリングがある。サンプリングは、次のように行われる。
- サンプリングは、運用状況を確かめるため対象を抽出する手法であり、ドキュメントレビューなどと組み合わせて適用される。
- サンプリングの対象期間の考え方もさまざまである。基本は当該年度だが、実務上難しいことがある。
- サンプリングの対象期間の設定によって、サンプリング件数の問題も生じる恐れがある。
- サンプリングでは、その母集団の適切性が重要になる。
- サンプリングについては、監査法人と協議しておくとよい。

表 9.2　コントロールの実施頻度とサンプリング件数

コントロールの タイプ	コントロールの 実施頻度	サンプル件数
手作業統制	1 日に何度も	25
手作業統制	日次	25
手作業統制	週次	5
手作業統制	月次	2
手作業統制	四半期ごと	2
手作業統制	年次	1
自動化された統制	コントロールごとに 1 つのアプリケーションをテスト	

注)　AICPA「Audit Accounting Guide — Audit Sampling」を基に作成
出所)　優成監査法人：『内部統制プロジェクト実務ハンドブック』、白桃書房、2008 年、
　　　　p. 62 を一部修整した。

　サンプリング件数は、コントロールの実施頻度、つまり毎日実施するコント
ロールか、週次で実施するコントロールかなどによって異なる（**表 9.2**）が、監
査法人によって、サンプリング件数が異なるようである。

9.5　評価体制

　前述のとおり内部監査部門が内部統制の有効性評価を実施するケースは少な
くない。内部監査部門による内部統制の有効性評価は、評価の客観性と独立性
に優れ、コントロールおよびコントロールの評価に関する専門知識、ノウハウ
があるといったメリットがある。ただし、内部監査部門は最近強化されている
場合が多いものの、必ずしも経験のある内部監査人がいるとは限らない。

　ところで、内部監査機能と内部統制評価機能は、客観性と独立性の確保のた
めに分離したほうがよい（**図 9.4**）。内部監査では、業務改善のための指摘や改
善提案が行われるが、内部統制の有効性評価では、リスクとコントロールの整
合性を評価し、定められたコントロールが実施されているか評価することを目
的としている。内部統制の有効性評価において、評価者がプロセスの改善を提

9

J‑SOX・各種マネジメントシステムとの違い

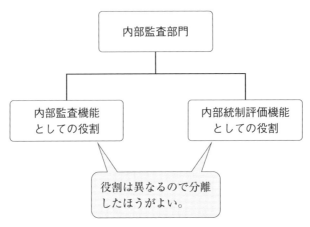

図 9.4　内部統制の有効性評価と内部監査の分離

案してしまうと、客観性や独立性が確保できないからである。また、内部統制
に係る文書化作業を行ったり、統制の整備・運用に関する指示などを行ったり
しても、評価の客観性や独立性の問題が生じる恐れがあるので留意しなければ
ならない。

　なお、企業によっては、内部統制評価の担当部門を内部監査部門と独立した
組織にしている。

9.6　評価スケジュール

　内部統制の有効性評価は、**図 9.5** に示すようなスケジュールで行われる。評
価スケジュールは、事前に会計監査人と調整しておくとよい。内部統制監査の
前に IT 統制の評価を済ませておくとよい。ロールフォワード(リスクやコン
トロールに変更がないことをチェックする)もスケジュールに組み込む必要が
ある。内部統制の有効性評価は、期末時点で内部統制が有効になっているかが
重要なので、評価において不備が発生した場合の改善期間を確保できるように
注意する。

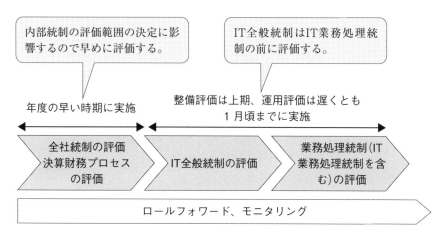

図9.5 内部統制の評価スケジュール(イメージ)

9.7 外部委託の評価

　企業では、さまざまな業務を外部に委託していることから、委託した業務が適切に行われているか監査する必要がある。内部統制の有効性評価においても、外部委託の評価を行う必要があるが、その際には、次のような点に留意する必要がある(**図9.6**)。

　外部委託の評価は、何を、どの範囲まで委託しているかによって評価方法も異なる。自社(委託元)の関与状況によって、リスクも異なるので、どこまで評価するかを決める。また、外部委託先について、自社の評価者が内部統制の有効性を直接評価することが難しい場合が少なくない。そこで、第三者評価による評価結果を参考にして、内部統制の有効性評価を行う場合がある。具体的には、外部委託先から米国保証業務基準書(SSAE)18号を入手したり、監査・保証実務委員会実務指針第86号「受託業務に係る内部統制の保証報告書」を入手する方法がある。

　ところで、自社による評価としては、評価部門(内部監査部門)による外部委託先の評価や、外部委託先に「質問票」を送付し、それに回答してもらうこと

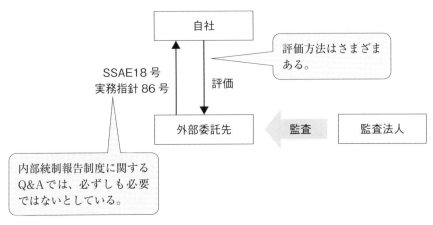

図9.6　外部委託先の有効性評価

によって評価する方法がある。

第10章
内部監査の2つの活動と品質評価

10.1　アシュランスとコンサルティング

（1）内部監査の2つの活動

　IIA は、『内部監査の定義』において、内部監査について、「内部監査は、組織体の運営に関し価値を付加し、また改善するために行われる、独立にして、客観的なアシュアランスおよびコンサルティング活動である。」としており、内部監査には、アシュアランスとコンサルティングという2つの活動がある。アシュアランスは、一般社団法人日本内部監査協会では、「保証」と訳されている。それでは、保証とコンサルティングは、どのような活動のことをいい、どのような違いがあるのだろか。

　保証を目的とした監査では、内部統制やリスク管理の仕組みが有効なものであり、それが適切に運用されていることを経営者(取締役会や社長)に対して保証する。保証の場合、内部監査人は、コントロールの改善策を指示するような改善提案は行わない。一方、コンサルティングでは、現行の内部統制やリスク管理の仕組みの脆弱な部分を発見し、それを改善するための助言を行う。コンサルティングでは、コントロールの改善案まで助言することになる。コントロールの改善に関する具体的な助言を行わなければ、それはコンサルティングと

はいえない。

　保証とコンサルティングの違いは、**図 10.1** のように整理できる。保証の場合には、リスク評価が適切に行われ、リスクに対応したコントロールが設計されているか(コントロールデザインの評価)、コントロールが実装されているか、実装されたコントロールがコントロール設計に沿って運用されているか監査する。内部監査人は、リスク評価の方法やコントロール設計が不十分な状況があれば、それを指摘し改善するように提案する。例えば、次のような指摘・改善提案が行われる。

①　リスク評価が部分的にしか実施されていないので、リスク評価手法を改善すること

②　配送ミスというリスクを低減するためのコントロールがないので、コントロールを追加すること

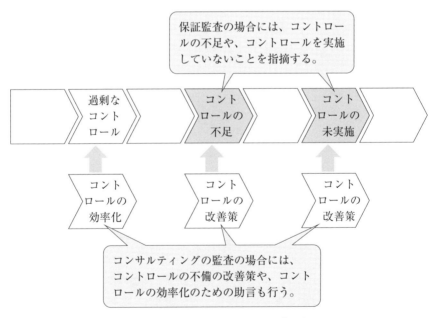

図 10.1　保証とコンサルティングの違い

③　契約の承認が業務マニュアルに定められたとおり管理者が実施していないので、業務マニュアルに沿った運営を確実に行うこと

コンサルティングの場合には、リスク評価の方法やコントロール設計が不十分な状況があれば、それを指摘し、改善に向けた助言も行う。また、過剰なコントロールや非効率なコントロールがあれば、それを改善するための助言を行う。例えば、次のような助言が行われる。

①　リスク評価が部分的にしか実施されていないので、リスク評価手法を改善すること。例えば、○○や、××のような方法で行うことが考えられる。

②　配送ミスというリスクを低減するためのコントロールがないので、コントロールを追加すること。例えば、○○や、△△のコントロールを追加することが考えられる。

③　契約の承認が業務マニュアルに定められたとおり管理者が実施していないので、業務マニュアルに沿った運営を確実に行うこと。例えば、○○や、□□のような対策を講じて、業務マニュアルに沿った運営を徹底することが考えられる。

④　売上管理資料にもとづいて、会計システムにデータを再入力しており、効率的な管理が行われていないので、改善を図ること。例えば、販売システムから会計システムへのデータの自動連結を行うことによって改善する方法がある。

(2)　内部監査人が改善案を示すことの是非

コンサルティングを目的とした内部監査では、内部監査人が具体的な改善策を示すことになる。これについては、監査の客観性の視点から問題がある。例えば、内部監査人が示した改善策どおりに監査対象部門が業務を改善して、その後に何らかの問題が発生したとする。このときの内部監査人の責任はどうなるのだろうか。このために、内部監査人は、このような問題を避けるために改善案を示さずに、改善案は監査対象部門が検討して実施すべきであるといわれ

10

内部監査の２つの活動と品質評価

る。

　しかし、経営者や監査対象部門から見ると、どのように改善すればよいのかについてヒントとなる事項を内部監査人に示してほしいという声を聞く。内部監査人は、内部統制やリスクマネジメントの専門家であり、コントロールの専門家である。一方、経営者や監査対象部門は、専門家の立場からどのようなコントロールを組み込む必要があるのか、改善の方向性や方法論を例示してもらいたいと考える。そこで、内部監査は、内部監査人の客観性および独立性に配慮しつつ、改善案を例示すべきである（図 10.2）。

　このときに内部監査人は、例示した改善案のいずれを選択するのか、それにもとづいて具体的にどこまでコントロールを整備するのかなどの判断は、監査対象部門にあることを明確に主張しなければならない。これを怠ると、監査のフォローアップや次回の監査において、内部監査人の改善案に従って改善したコントロールについて、何らかの問題があった場合に、監査人はそれを指摘しにくくなるからである。

　なお、一般社団法人日本内部監査協会の「内部監査基準」では、「8.2.1　内

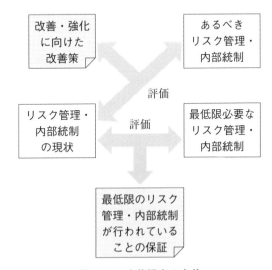

図 10.2　改善提案の意義

部監査部門長は、最終報告として、内部監査報告書を作成しなければならない。」として内部監査報告書の作成について定めている。また、「8.2.2　内部監査人は、実効性の高い内部監査報告書の作成と、迅速な是正措置の実現を促し、内部監査の実施効果と信頼性をより一層高めるため、内部監査報告書の作成に先立って、対象部門や関連部門への結果の説明、問題点の相互確認を行うなど、意思の疎通を十分に図らなければならない。」として、是正措置の実現を促進することを内部監査人に求めている。さらに、「8.2.3　内部監査人は、内部監査報告書に内部監査の目標と範囲、内部監査人の意見、勧告および是正措置の計画を含めなければならない。」として、是正措置の計画を内部監査報告書に含めることを求めている。

　このように内部監査では是正措置の実現が重要であることを踏まえて、内部監査人の独立性および客観性を阻害しないように、改善案を例示すればよい。

(3) 保証とコンサルティングのバランス

　内部監査は、社内規程や業務マニュアルへの準拠性を確かめるだけでなく、コンサルティングという役割ももっている。そこで、保証と助言のバランスをとりながら内部監査を実施することが重要である。

　前述のように改善提案は、"提案"であって、改善の"指示"ではないことを認識しておかなければならない。この点を監査対象部門に明確にしておくことが、内部監査を円滑に進めるためのポイントになる。つまり、監査人の客観性や独立性を確保しながら、付加価値の高い内部監査を実施するということである。

10.2　監査の品質評価

(1) 品質評価とは

　内部監査の品質評価について、職場で話題に上ることがあるが、内部監査の品質評価とは何であろうか。内部監査は、公認会計士監査のような法定監査で

はなく、任意監査である。そこで、企業等によってさまざまな取組みが行われ
ており、素晴らしい内部監査を実施している企業等も少なくない。その一方で、
十分な品質の監査を行っていない場合もある。わが国の内部監査人は、内部監
査の専門家として採用されるのではなく、人事異動の結果として内部監査人に
なることが多いので、内部監査に関する専門的な知識を有していないことが少
なくない。

　その結果、「内部監査基準」や「IPPF」で求められているような一般的に認
められている監査の手順に沿っていない監査が行われているかもしれない。ま
た、内部監査の独立性や客観性が阻害されているような状況で内部監査を実施
しているかもしれない。

　内部監査に関心のある経営者であれば、自社の内部監査部門は他社に比較し
て大丈夫なのか、内部監査報告書を信頼してよいのか、より良い内部監査の実
施ができるのではないかといった懸念をもつかもしれない。また、上場会社で
あれば有価証券報告書に内部監査に関する記載を行うが、ステークホルダーが
それを読んだときに、この会社の内部監査を信頼してよいのかといった懸念を
もつかもしれない。

　そこで、内部監査が一般に公正妥当と認められた内部監査の原則、つまり
「内部監査基準」や「IPPF」に従って内部監査を実施しているか、内部監査の
独立性や客観性が確保されており、内部監査が信頼できる内容であるかを説明
できるようにするために、内部監査の品質評価を行うのである。

　内部監査の品質評価は、自社の内部監査の水準を向上させるために役立って
いる。ある企業の内部監査人は、品質評価を受けたおかげで自社の内部監査を
改善することができたと述べている。内部監査の品質評価は、内部監査の経験
を豊富に有する方が評価者になっているので、実務経験を踏まえたアドバイス
を行うからである。

　ところで、品質評価を行う根拠としては、IIA の国際基準がある。「IIA 国
際基準　1300―品質のアシュアランスと改善のプログラム」では、内部監査
の品質評価について、「内部監査部門長は、内部監査部門を取り巻くすべての

要素を網羅する、品質のアシュアランスと改善のプログラムを作成し維持しなければならない。」と定めている。さらに、「IIA 国際基準　1310—品質のアシュアランスと改善のプログラムの要件」において、「品質のアシュアランスと改善のプログラムには、内部評価と外部評価の両方を含めなければならない。」(「内部監査の専門職的実施の国際基準」、2017 年 1 月 1 日より)としている。

(2) 内部評価と外部評価

　品質評価は、内部評価と外部評価に整理できる。まず、企業等の内部での品質評価を実施し、その後に外部評価を受ける必要がある。内部評価の体制が整備されていない段階で外部評価を受けると、多くの点について指摘される可能性があり、効率的に外部評価を受けられないからである。

　「IIA 国際基準　1311—内部評価」では、次のように定めている。

「内部評価には、以下の項目を含めなければならない。

- 内部監査部門の業務遂行についての継続的モニタリング
- 内部監査部門による定期的自己評価、または内部監査の実務について十分な知識を有する組織体内の内部監査部門以外の者による定期的評価」
  (「内部監査の専門職的実施の国際基準」、2017 年 1 月 1 日より)

　また、「IIA 国際基準　1312—外部評価」では、「外部評価は、組織体外の適格にしてかつ独立した評価実施者または評価チームによって、最低でも 5 年に 1 度は実施されなければならない。内部監査部門長は、取締役会と以下の点について話し合わなければならない。

- 外部評価の形式と頻度
- 潜在的な利害の衝突を含めた、外部の評価実施者または評価チームの適格性と独立性」(「内部監査の専門職的実施の国際基準」、2017 年 1 月 1 日より)としている。

10

内部監査の2つの活動と品質評価

第11章
ICTの進展と内部監査

11.1　新技術に対する内部監査の役割

　監査対象領域は、時代の変化とともに大きく変化する。インターネットが普及する以前では、ネットショッピングは存在しなかったし、クラウドサービスのようにITインフラやソフトウェアのサービスを利用するという業務形態は従来、存在しなかった。また、SNSの急速な普及によって、SNSを通じた商品PRなども行われるようになった。

　新技術が企業等に導入されると、それに伴って、従来考えられなかった新しいリスクが発生する。AI、IoT、ビッグデータ、RPAといった新しい技術が導入されると、新しいリスクが発生するので、このようなリスクの変化に対応して内部監査を実施していくことが内部監査人に求められる。

　このように新しい技術が現れると、内部監査人がその適切性を点検・評価しなければならないことになる。新技術を対象にして監査を行う場合には、次のような点に留意して監査を実施するとよい。

①　ビジネスへの影響を考える。

②　新たなリスク（新技術に特有のリスク）を分析する。

③　開発者側と利用者側の視点の両面から考える。

④　顧客の視点から考える。

⑤　監査での新技術の活用も忘れない。

　新任の内部監査人であっても新技術導入を対象とした監査に取り組むことが考えられるので、本章では、新技術を対象にした内部監査について取り上げることとした。

11.2　AI を対象とした監査

(1) AI の定義

　AI については、統一された定義はないとされているが、一般社団法人人工知能学会は、「人工知能(AI)とは知能のある機械のことです。しかし、実際の AI の研究ではこのような機械を作る研究は行われていません。AI は、本当に知能のある機械である強い AI と、知能があるようにも見える機械、つまり、人間の知的な活動の一部と同じようなことをする弱い AI とがあります。」と説明している。また、AI 研究のほとんどはこの弱い AI について行われているとしている。

　AI ネットワーク社会推進会議「AI 利活用ガイドライン」では、「「AI」とは、「AI ソフト及び AI システムを総称する概念」をいう。」とし、「AI ソフト」とは、データ・情報・知識の学習等により、利活用の過程を通じて自らの出力やプログラムを変化させる機能を有するソフトウェアをいう。例えば、機械学習ソフトウェアはこれに含まれる。」と説明している。また、「「AI システム」とは、AI ソフトを構成要素として含むシステムをいう。例えば、AI ソフトを実装したロボットやクラウドシステムはこれに含まれる。」としている。

(2) AI の導入分野

　AI は、自動運転、医療、業務支援、金融、教育、マーケティング、環境、人事採用、テロ対策、軍事などさまざまな分野で行われている。導入する分野によって、リスクの内容も異なる。例えば、自動運転の場合には、安全装置が

適切に機能せずに事故が発生する。その場合の責任が運転者にあるのか、システムを開発した事業者にあるのかなどの問題が発生する。また、自動運転による輸送の効率化というビジネス目標があればそれを達成できないというリスクも生じることになる。

　システム監査で重要なことは、ビジネスとの関係を重視して、ビジネスに貢献できるような情報システムなのか、貢献できるような仕組みやプロセスが整備され機能しているか、という点である。

(3) AI を対象にした監査チェックリスト(例)

　AI を対象とした監査を実施する際には、表 11.1 に示すような項目について監査を実施するとよい。なお、監査の実施に際しては、技術動向の変化や自社の事業特性などを勘案して監査項目を見直していただきたい。

11.3　IoT を対象とした監査

(1) IoT の定義

　IoT 推進コンソーシアム・総務省・経済産業省「IoT セキュリティガイドライン Ver. 1」では、IoT について次のように説明している。「IoT とは "Internet of Things" の略であり、ITU(国際電気通信連合)の勧告(ITU-T Y.2060(Y.4000))では、「情報社会のために、既存もしくは開発中の相互運用可能な情報通信技術により、物理的もしくは仮想的なモノを接続し、高度なサービスを実現するグローバルインフラ」としている。

　また、次のようなことが期待されていると述べられている。

「①.「モノ(Things)」がネットワークにつながることにより迅速かつ正確な情報収集が可能となるとともに、リアルタイムに機器やシステムを制御することが可能となる。

　②. カーナビや家電、ヘルスケアなど異なる分野の機器やシステムが相互に連携し、新しいサービスの提供が可能となる。

11

ICT の進展と内部監査

表 11.1　AI を対象とした監査チェックリスト (例)

項　　目	監査ポイント
基本方針	・AI システム開発の基本方針が策定されているか。 ・基本方針が経営者の承認を得ているか。 ・基本方針が AI システムの開発者、運用、保守および利用者に周知されているか。 ・基本方針には、人間の尊厳と個人の自律を尊重する倫理原則が含まれているか。 ・関係者に対して、倫理教育を実施しているか。
体制	・AI システムの責任者 (開発、運用、保守、利用) が明確になっているか。 ・AI システムの開発、運用、保守体制が構築されているか。 ・AI システムに携わる者の責任、権限が明確になっているか。
開発計画	・AI システムの開発計画が策定されているか。 ・開発計画には、リスク分析およびコントロールが明確になっているか。 ・AI システムの開発計画は、経営者などに承認されているか。 ・費用対効果が明確になっているか。 ・AI システムの開発スケジュールが適切か。 ・AI システムの開発が上手くいかない場合の撤退ルールが明確になっているか。 ・AI システムの対象となるデータが適切か (分析する意味があるか)。 ・POC (Proof Of Concept：概念実証) にユーザーが参画しているか。
リスク分析およびコントロール	・AI システムに係るリスク評価が実施されているか。 ・AI システムを相互接続および相互運用している場合には、連携によるリスク評価を実施しているか。 ・AI システムのリスク評価結果は、開発、運用、保守および利用者に説明しているか。 ・AI システムが制御できなくなるリスクを評価しているか。 ・リスクが発生した場合の対応策 (コントロール) を検討し整備・運用しているか。
安全性の確保	・AI システムの判断・分析結果などが利用者や第三者の生命・身体・財産に危害を及ぼさないように考慮しているか。 ・AI システムがアクチュエーターなどと連携している場合には、利用者や第三者の生命・身体・財産に危害を及ぼさないように考慮しているか。 ・AI システムの判断と、人間の判断の責任分界点を明確にしているか。

表 11.1　つ　づ　き

項　　目	監査ポイント
セキュリティの確保	• AIシステムで分析対象としているデータの機密性を確保しているか。 • AIシステムの可用性を確保しているか。 • AIシステムのインテグリティを確保しているか。 • AIシステムの知的財産権を保護しているか。
個人情報の保護	• AIシステムの分析結果などによる利用者および第三者のプライバシーの侵害防止対策を講じているか。 • AIシステムの分析対象となるデータに個人情報が含まれている場合には、個人情報保護対策を講じているか。
契約	• 経済産業省「AI・データの利用に関する契約ガイドライン」を参照しているか。 • 法務部門のチェックを受けているか。
AIシステムの運用・保守	• ビッグデータとの連携が適時、正確に行われているか。 • AIシステムの保守(特に教師データの更新)が適切に行われているか。 • AIシステムが当初の目的どおり利用されているか。
廃棄	• AIシステムのデータが適切に廃棄されているか。 • AIシステム廃止後の対応が考えられているか(代替システム、システムの移行など)。
BCP (事業継続計画)	• AIシステムに障害が発生した場合のBCPを策定しているか。 • BCPの定期的な訓練を実施し、BCPの改善を図っているか。

11

ICTの進展と内部監査

　さらに、IoT は「モノ」がネットワークにつながって新しい価値を生むだけでなく、IoT が他の IoT とつながることでさらに新しい価値を生むという"System of Systems(SoS)"としての性質を持っている。」

　IoT は、IoT デバイスとインターネットを接続した情報システムであり、特に機械や設備に組み込まれたシステムが関係する。そこで、従来の情報システムとは異なっているので、現行のシステム管理基準だけでは監査を実施することが難しい。

(2) IoT のリスク

システム監査では、監査対象にどのようなリスクがあるのかを的確に把握し、リスクの大きさを評価することが重要になる。IoT のリスクは、全体像を図に描いて考えるとわかりやすい（**図 11.1**）。

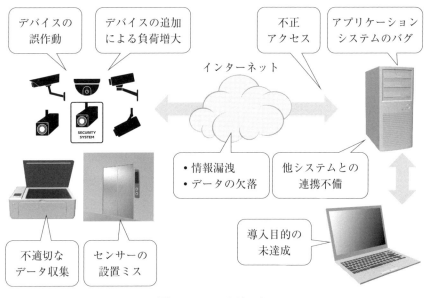

図 11.1　IoT のリスク

(3) IoT を対象とした監査チェックリスト（例）

IoT を対象とした監査を実施する場合には、**表 11.2** に示すような項目について監査を実施するとよい。なお、IT 環境や事業特性において、項目を追加・訂正・削除していただきたい。

表 11.2　IoT を対象とした監査チェックリスト(例)

項　　目	監査ポイント
IoT の導入方針	• IoT の導入方針が明確になっているか。 • IoT の適用範囲が明確になっているか。 • IoT の活用目的が明確か。 • IoT の効果を事後検証できる仕組みになっているか(費用対効果、目標指標など)。
収集データ	• IoT デバイスで収集しているデータを把握しているか。 • 個人情報(映像、位置情報など)を収集していないか。 • IoT 機器の設置場所に問題はないか(管理者の承認を得ているか)。
ハードウェア	• IoT デバイスの機能や、センサーの性能(光、温度、加速度など)が適切か(オーバースペックになっていないか)。 • IoT デバイスの信頼性(誤検知を含む)は適切か。 • IoT デバイスの設置環境(温度、湿度、粉じん、振動など)に問題はないか。 • インターネットとの通信が適切に行われるか。 • データの受け手側のサーバーの仕様が適切か。 • IoT デバイスの設置時に初期パスワードを変更しているか、そのパスワードは適切か。 • IoT デバイスの新増設への対応が考慮されているか。
ソフトウェア	• IoT データの収集・分析システムの要件検討にユーザーが参画しているか。 • アプリケーションシステムとのインターフェースは適切か。 • データの欠落に備えたデータチェックを行っているか。
システム開発	• 要件定義が適切に行われているか。 • 誤検知が発生した場合の対応策を講じているか。 • データ量を予測してシステム構築をしているか。 • システムテストが適切に行われているか。特に設置環境の条件やインターネットとの通信を踏まえたテストが十分に実施されているか。
運用・保守	• システムの変更管理手順が定められ、それに従って変更管理が行われているか。 • IoT デバイスの増設、交換に備えた対応手順が定められ、それに従って変更管理が行われているか。 • バッテリーの寿命に備えた対応手順が定められているか。

11

ICTの進展と内部監査

表 11.2 つ づ き

項　　目	監査ポイント
コンティンジェンシープラン(緊急時対応計画)	・IoT システムのバックアップを考えているか。特に IoT の稼働停止や遅滞に備えた対策を講じているか。 ・データのバックアップを取得しているか。 ・マニュアル作業による代替策を検討しているか。

11.4　ビッグデータを対象とした監査

(1) ビッグデータの定義

『平成 24 年版情報通信白書』では、鈴木良介著の『ビッグデータビジネスの時代』(翔泳社、2011 年、p. 14)を引用する形で、「ビッグデータを「事業に役立つ知見を導出するためのデータ」とし、ビッグデータビジネスについて、「ビッグデータを用いて社会・経済の問題解決や、業務の付加価値向上を行う、あるいは支援する事業」と目的的に定義している例がある。」と説明している。また、「ビッグデータは、どの程度のデータ規模かという量的側面だけでなく、どのようなデータから構成されるか、あるいはそのデータがどのように利用されるかという質的側面において、従来のシステムとは違いがあると考えられる。」と述べられており、ビッグデータの特徴として、組織体を跨るデータ利用(企業内連携や企業間連携)、アプリケーションシステムを跨るデータ利用を挙げている。

(2) ビッグデータに係るリスク

このような説明を踏まえると、ビッグデータには、従来想定していなかった次のようなリスクが考えられる。

① データの関連づけによる個人情報保護に係るリスク

② ビッグデータの分析ノウハウの外部流出

③ 医療情報の分析などの倫理上の問題

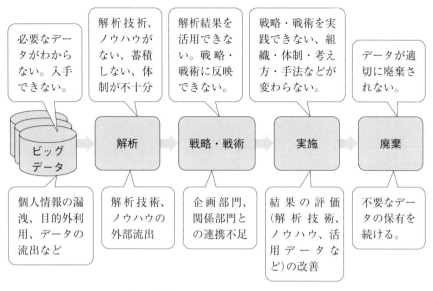

図 11.2　ビッグデータのライフサイクルから見たリスク

④　エンドレスなビッグデータの解析

⑤　コストが過大になるリスク（分析してみなければわからないので、ビッグデータの費用対効果がわかりにくい）

ところで、ビッグデータに係るリスクは、ライフサイクルに従って考えるとわかりやすい（**図 11.2**）。

(3)　ビッグデータを対象にした監査チェックリスト（例）

ビッグデータを対象とした監査を実施する場合には、**表 11.3** に示すような項目について監査を実施するとよい。なお、IT 環境や事業特性において、項目を追加・訂正・削除していただきたい。

11

ICTの進展と内部監査

表 11.3　ビッグデータを対象とした監査チェックリスト (例)

項　　目	監査ポイント
ビッグデータの取得	・データベースおよびデータ項目を一覧表などで管理をしているか。 ・データ項目を標準化しているか。 ・データの重要性に関する検討を行っているか。 ・アクセス管理を適切に行っているか。 ・個人情報の利用目的を把握し、従業員・委託先の教育を実施しているか。
ビッグデータの解析	・データサイエンティストの採用、育成、外部委託による対応を実施しているか。 ・データ解析マニュアルの作成、解析結果の検証、人材育成を実施しているか。 ・マイルストーンを設定しているか。 ・外部委託契約を適切に締結している。 ・アクセス管理を適切に行っているか。 ・ビッグデータ利用のポリシーを明確化しているか。 ・有効性、費用対効果を検証しているか。
解析結果の戦略・戦術への活用	・企画部門、IT 部門に対する教育を実施しているか。 ・社外のベストプラクティスの情報収集体制があるか。 ・コンサルタントの活用を検討しているか。 ・活用方法に関する社内体制を構築しているか。 ・状況変化の考慮、データの呪縛に陥っていないか。
戦略・戦術の実施	・目的の周知・徹底、教育を実施しているか。 ・実施状況をモニタリングしているか。 ・解析結果、解析手法の有効性を評価しているか。 ・有効性、費用対効果の検証の仕組みがあるか。 ・現場意見の吸収、改善されない原因究明を実施しているか。
ビッグデータの廃棄	・消去業務の委託契約を締結しているか。 ・消去業務の委託先を適切に管理しているか。 ・専用ソフトウェアによる消去、媒体の物理的破壊を実施しているか。 ・消去記録のチェックおよび廃棄状況の定期的チェックを実施しているか。

11.5　RPA を対象とした監査

(1) RPA とは

RPA（Robotic Process Automation）とは、マニュアル作業で作成していた帳表などについて、作業手順をロボットに覚えさせて、作業を自動化するツールである。ロボットといっても工場などで用いられるロボットとは異なって、情報システムの一種と考えればよい。ホワイトカラーの生産性向上のために有効なツールとして近年普及が拡大している。

RPA ツールには、RPA ツールをサーバーにインストールするタイプ（サーバー型）とクライアントパソコンにインストールするタイプ（クライアント型）がある。サーバー型の場合には、サーバー上で RPA ロボットが稼働して資料等を作成するのに対して、クライアント型ではクライアントパソコン上で RPA ロボットが稼働するという特徴がある。この他にクラウド型の RPA もある。

(2) RPA のリスク

RPA のリスクを検討する場合には、**図 11.3** のように導入プロセス全体の視点からリスクを検討するとよい。具体的には、導入方針が明確になっていないために、RPA に適さない業務に導入したり、維持管理を考えずに RPA を導入したりするリスクがある。また、導入方針を実現するための推進体制が構築されていない場合には、各部門で独自に RPA が導入され、重複した RPA が作成されて組織全体として見た場合に非効率な状況に陥るリスクがある。

RPA には、作業手順を登録する必要があるが、作業手順の見直しを行わずに現行の作業手順をそのまま登録すると、RPA の処理効率が低下したり、RPA からアクセスするアプリケーションシステムへの負荷を増やしてしまうリスクが考えられる。さらに利用段階において、RPA を作成した担当者が異動してしまい、その後の保守ができなくなり業務処理に支障を来すリスクがある。このように RPA のライフサイクルを考えてどこにどのようなリスクがあ

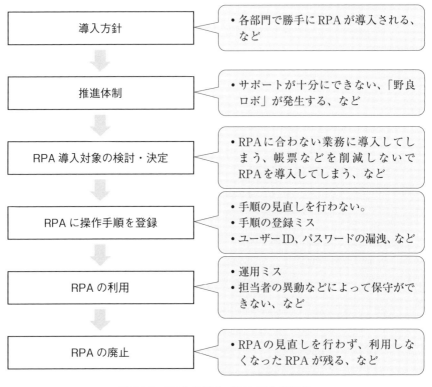

図 11.3　RPA の導入プロセスとリスク

るのかを把握することが大切である。

（3）RPA を対象にした監査チェックリスト（例）

　RPA を対象にした監査では、**表 11.4** に示すような事項について監査を行うとよい。なお、監査の実施に際しては、技術動向の変化や自社の事業特性などを勘案して監査項目を見直す必要がある。

表 11.4　RPA を対象とした監査チェックリスト(例)

項　　目	監査ポイント
RPA の 導 入 方針	・RPA の導入方針が明確になっているか。 ・特に RPA の導入に先立って業務の見直しが行われているか(帳表などの削減を実施してから RPA を導入する方針になっているか)。
RPA の 推 進 体制	・RPA の推進・維持管理体制が構築されているか。 ・特に全社的な管理部門が明確になっているか。 ・RPA 化について、全社的に管理できる体制が構築されているか。 ・RPA 化の重複の発生を低減する仕組みがあるか。 ・RPA の一覧表を作成し、管理しているか。 ・RPA プログラムの管理者は、担当者の異動や病気などの事故に備えて複数配置しているか。
教育・サポート体制	・RPA 導入のための教育を実施しているか。 ・RPA に関する問合せ対応などを行うサポート体制が構築されているか。 ・教育・サポートに関する CS 調査を行って、サービスレベルの向上に努めているか。
RPA に 関 す るドキュメント	・RPA についてドキュメントを作成し、維持管理しているか。 ・ドキュメント作成の標準化が行われているか。 ・ドキュメントの管理責任者が定められているか。
RPA の セ キュリティ	・RPA に登録された作業手順を変更する場合の手順が定められているか。 ・RPA に登録された作業手順について、承認を得ずに改変されないようにアクセス管理されているか。 ・RPA に登録されたアプリケーションシステムにアクセスするための ID、パスワードが適切に保護されているか。 ・RPA によるアプリケーションシステムへの負荷状況をチェックしているか。
入出力情報のチェック	・RPA に入力または取り込むデータの正確性を確保するためのチェックをしているか。 ・RPA で作成される帳表などの内容の正確性をチェックしているか。
定期的な棚卸	・RPA で作成されたプログラムを定期的に棚卸しているか。 ・利用しなくなった RPA は削除しているか。

11

ICTの進展と内部監査

表 11.4　つ　づ　き

項　　目	監査ポイント
外部委託管理	・RPA の作成・維持管理を外部に委託している場合には、知的財産権の帰属を含めて適切な契約を締結しているか。 ・外部委託内容を文書化しているか。 ・外部委託に関する業務報告を提出させ、監督・指導を適切に行っているか。

第12章
付加価値の高い内部監査

12.1　未来志向の内部監査

　監査というと過去に実施した事柄についてその適否をチェックすると考えられることが多い。例えば、公認会計士監査では、会計事象に関する会計処理が適正に行われているかチェックし問題があれば指摘する。現在の体制やプロセスに問題がなければ、監査で指摘を行うことはない。

　しかし、現在の体制やプロセスでは、来年、再来年になると問題が発生すると想定できる場合がある。例えば、ベテランの社員が来年定年で退職し、現在の業務品質を確保できないことが予想される場合がある。このような場合、内部監査人は、現在の体制を放置すると来年以降に問題が発生するリスクがあることを指摘し、改善提案を行う必要がある。このように、未来を見据えた監査を行うことが内部監査人に求められている（図12.1）。

12.2　目的志向の内部監査

　内部監査は、公認会計士監査と異なって、財務報告の信頼性確保という偏った内部統制を点検・評価するだけでなく、企業等の目標達成のための仕組み・

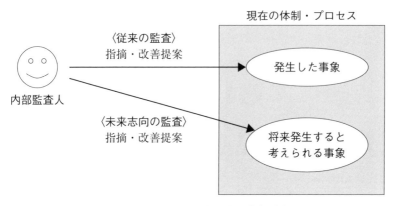

図 12.1　未来志向の内部監査

プロセスという本来の内部統制を点検・評価することを目的としている。したがって、内部監査人は、監査に際して、監査対象部門の企業等における目的や役割、つまりミッションは何かを把握することが重要である。

　監査手続書を作成する際には、従来は、**図 12.2** に示すように社内規程や業務マニュアルを参照して、そこに記載されているコントロールが実施されているか確かめる監査手続を記載することが多かった。この場合には、規程・マニュアルで定められているコントロールが本当に必要なのか、実態に合ったコントロールになっているかどうかについて十分に考慮されないことが少なくなかった。

　このような問題点を解決するために、監査対象部門や業務に係るリスクに対するコントロールが構築され有効に機能しているかという視点から監査手続書を作成するアプローチがある（**図 12.3**）。

　さらにリスクにもとづく監査手続書の作成を発展させて、監査対象部門の目的を実現するためのコントロールがあるかという視点から監査手続書を作成するアプローチもある（**図 12.4**）。このアプローチでは、監査対象部門の目的が企業等の目的達成を実現するための目的になっているかどうかについても確かめる必要がある。

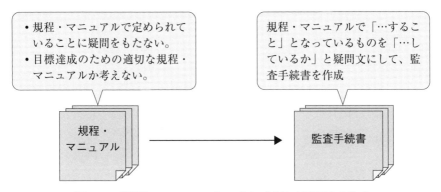

図 12.2　「規程・マニュアル」にもとづく監査手続書の作成

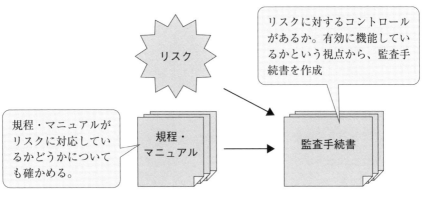

図 12.3　「リスク」にもとづく監査手続書の作成

　監査手続書は、内部監査の付加価値を高めるために重要な役割を占めており、その巧拙によって付加価値の高い内部監査の実現が左右される。内部監査の目的は、企業等の運営に関して価値を付加することにあるので、企業等の目的を重視した監査手続書の作成が重要になる。

12.3　顧客を考えた内部監査

企業ではいかに顧客を獲得するのかが重要である。顧客の獲得が売上目標の

付加価値の高い内部監査

12

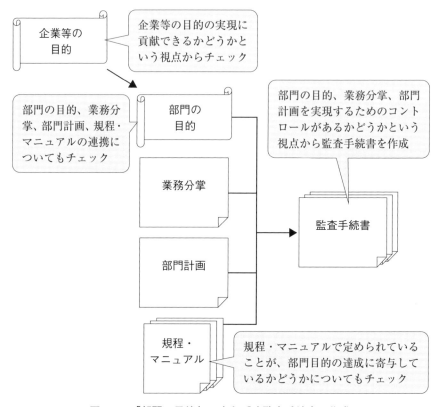

図 12.4　「部門の目的」にもとづく監査手続書の作成

達成につながるからである。そこで、内部監査人は、営業プロセスは、顧客獲得という目的を達成するために適切なプロセスになっているか、営業体制は顧客の視点から見て適切かどうかについて監査する重要がある。また、仕入プロセスが顧客の満足度を高める商品を調達するプロセスになっているか、納期は顧客の要求に応えることができているかといった視点も重要である（図 12.5）。

　さらに、人材育成については、顧客対応が適切にできるような人材育成の体制が構築されているか、教育カリキュラムは顧客ニーズを反映したものになっているかといった視点から監査する必要がある。

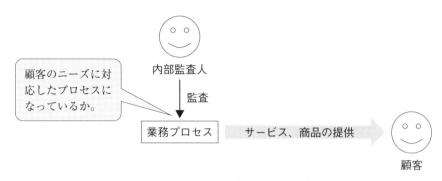

図 12.5　顧客獲得の視点からの監査

12.4　付加価値の向上を目指した内部監査

　内部監査は、公認会計士監査と異なって法定監査ではなく任意監査であることから、付加価値を生まない内部監査を行っていると体制が縮小され、社内から関心をもたれない職場になる。そこで内部監査人は、常に内部監査の付加価値を意識した監査を実施するように心掛けることが大切である。ある内部監査人は、「この監査報告書はいくらの価値があるか？」ということを意識して内部監査を行っているそうである。一つの内部監査プロジェクトを実施するためには、内部監査人の工数に応じた人件費がかかることになる。例えば、内部監査人の人件費が年間 1,200 万円（毎月 100 万円）だとすれば、3 人で 2 カ月を要した内部監査プロジェクトには、3 人×2 カ月×100 万円＝600 万円のコストがかかる。内部監査の改善提案を受けて業務改善が進み 600 万円以上の効果が得られれば、その内部監査は成功したといえるのではないだろうか。

　内部監査人は、指摘や改善提案が、内部監査のコストに見合ったものになっているか意識して内部監査に取り組むことが重要である。また、処理が遅い、処理ミスがあるといった指摘だけでなく、業務プロセスの問題点について、根本原因を究明し業務プロセスの改善につながるような指摘や改善提案を行うことによって、社内の内部監査に対する評価が向上し、内部監査に対する期待が高まり、内部監査に良い人材が集まることになる。**図 12.6** に示すような内部

12

付
加
価
値
の
高
い
内
部
監
査

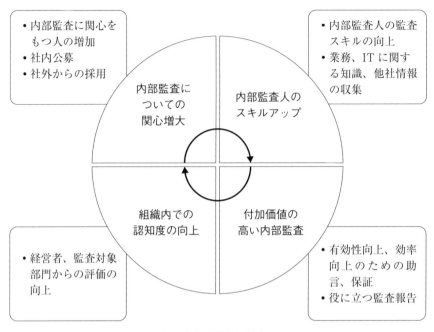

図 12.6　内部監査の付加価値向上サイクル

監査の付加価値向上サイクルが回ることによって、企業等の価値も向上することになるだろう。

参 考 文 献

1)　AI ネットワーク社会推進会議：「AI 利活用ガイドライン」、2019 年 8 月 9 日
2)　IIA：「専門職的実施の国際フレームワーク 2017 年版（The International Professional Practices Framework（IPPF））」、2017 年 1 月 1 日
3)　IIA：「3 つのディフェンスライン」、http://www.iiajapan.com/pdf/iia/info/201907_3LOD_Support_Document.pdf
4)　IoT 推進コンソーシアム・総務省・経済産業省：「IoT セキュリティガイドライン」、2016 年 7 月
5)　一法師淳：「IoT が創造するファシリティビジネスの未来」、『日本情報経営学会第 74 回全国大会予稿集』、2017 年
6)　公益財団法人金融情報システムセンター：「金融機関等のシステム監査基準」、2019 年 3 月 31 日
7)　経済産業省：「システム監査基準」、2018 年 4 月 20 日
8)　経済産業省：「システム管理基準」、2018 年 4 月 20 日
9)　経済産業省：「コーポレートガバナンス及びリスク管理・内部統制に関する開示・評価の取組について―構築及び開示のための指針―」、2005 年
10)　高度情報通信ネットワーク社会推進戦略本部(IT 総合戦略本部)：「世界最先端 IT 国家創造宣言・官民データ活用推進基本計画」、2017 年 5 月 30 日、閣議決定
11)　古明地正俊・長谷佳明：『AI（人工知能）まるわかり』、日本経済新聞出版社、2017 年
12)　島田裕次：『よくわかるシステム監査の実務解説 第 3 版』、同文舘出版、2019 年
13)　島田裕次：「CIA フォーラム研究会・アンケート調査結果 内部監査人の倫理に関する研究」、『月刊監査研究』、Vol. 45、No. 7、pp. 15-21、2019 年
14)　島田裕次：「IT の発展とシステム監査の課題」、『内部統制』、No. 10、pp. 25-30、2018 年
15)　島田裕次：『情報セキュリティの基本』、日本実業出版社、2017 年
16)　島田裕次：「AI、IoT 等の発展とシステム監査」、『会計・監査ジャーナル』、Vol. 29、No. 12、pp. 123-129、2017 年
17)　島田裕次：「内部監査の対象領域に関する研究―監査対象業務の視点からの分析―」、『現代監査』、No. 27、pp. 155-165、2017 年
18)　島田裕次：「AI を対象としたシステム監査に関する研究」、『日本情報経営学会

全国大会予稿集』、pp. 241-244、2017 年 11 月 9 日

19) 島田裕次：「ビッグデータ利用を対象とした監査に関する研究について」、『現代監査』、No. 25、pp. 151-161、2015 年

20) 島田裕次、「内部監査における不正リスクへの対応～システム監査を含めて～」、『現代監査』、No. 24、pp. 92-102、2014 年

21) 島田裕次：「AI に係るシステム監査の課題と今後の展望」、『日本セキュリティ・マネジメント学会第 31 回全国大会予稿集』、pp. 75-80、2017 年 7 月 30 日

22) 島田裕次：『内部監査入門』、翔泳社、2008 年

23) 島田裕次：『ポケット図解 最新 J-SOX 法がよ～くわかる本』、秀和システム、2007 年

24) 島田裕次：『リスク図による情報セキュリティ監査の実践』、同文舘出版、2006 年

25) 島田裕次 編著、荒木理映・池田晋・五井孝・中野雅史・西島新・宮下正博 著：『内部監査の実践ガイド―16 講でわかる基本と業務別監査』、日科技連出版社、2018 年

26) 島田裕次 編著、清水京子・村田一 著：『内部監査人の実務テキスト［基礎知識編］』、日科技連出版社、2009 年

27) 島田裕次 編著、宇佐美豊・北村秀二・宮下正博・関本滋夫・芳野政巳・大内功 著：『内部監査人の実務テキスト［業務知識編］』、日科技連出版社、2009 年

28) 島田裕次・中島健一・能勢豊一：「システム監査プロセスの工学的研究――監査工学へのアプローチ」、『大阪工業大学紀要』、Vol. 50、No. 2、pp. 67-77、2006 年

29) トレッドウェイ委員会組織委員会 著、鳥羽至英・八田進二・高田敏文 訳：『内部統制の統合的枠組み―理論篇』、白桃書房、1996 年

30) トレッドウェイ委員会組織委員会 著、鳥羽至英・八田進二・高田敏文 訳：『内部統制の統合的枠組み―ツール篇』、白桃書房、1996 年

31) 一般社団法人日本内部監査協会：『内部監査の品質評価マニュアル 2017 年版』、日本内部監査協会、2019 年

32) 一般社団法人日本内部監査協会：「第 62 回内部監査実施状況調査結果―― 2017 年度(2017 年 4 月～ 2018 年 3 月)における各社の内部監査テーマ・要点集」、2019 年 5 月 30 日

33) 一般社団法人日本内部監査協会：「第 19 回監査総合実態調査(2017 年監査白書)」、2019 年 2 月

34) 一般社団法人日本内部監査協会：『バリューアップ内部監査 Q&A』、同文舘出版、2018 年

35) 一般社団法人日本内部監査協会：「内部監査基準実務指針」、2017 年 3 月

36) 一般社団法人日本内部監査協会：「内部監査基準」、2014 年 6 月 1 日

37) 一般社団法人日本内部監査協会：「内部監査品質評価ガイド」、2013 年 4 月 1 日

38) 一般社団法人日本内部監査協会：『内部監査実務全書——基準・マニュアル・チェックリスト第 4 版』、日本内部監査協会、2013 年

39) 日本内部監査協会「内部監査：アシュアランス・サービスとコンサルティング・サービス」、2009 年

40) 一般社団法人日本内部監査協会・八田進二・橋本尚・堀江正之・神林比洋雄 監訳、日本内部統制研究学会 COSO-ERM 研究会 訳：『COSO 全社的リスクマネジメント——戦略およびパフォーマンスとの統合』、同文舘出版、2018 年

41) 永井良三：「ICT とビッグデータ時代の医学研究」、『日本情報経営学会第 74 回全国大会予稿集』、pp. 5-8、2017 年

42) 日本内部統制研究会 研究部会報告：「IT を利用した内部統制のモニタリングの有効性向上策の研究：三線防御モデルの観点から—最終報告」、2016 年

43) 堀江正之：『IT 保証の概念フレームワーク』、森山書店、2006 年

44) 優成監査法人：『内部統制プロジェクト実務ハンドブック』、白桃書房、2008 年

45) 吉田洋：『情報システム監査』、税務経理協会、2002 年

46) 脇田良一：『監査基準・準則の逐条解説 第 2 版』、中央経済社、1999 年

索　引

著者紹介

島田裕次（しまだ　ゆうじ）
東洋大学総合情報学部教授。東洋大学産学協同教育センター センター長。博士（工学）

[略歴]
　1979年早稲田大学政治経済学部卒業。同年東京ガス株式会社入社。情報通信部、経理部などで勤務し、2000年から監査部で勤務（情報システム監査グループマネージャー、業務監査グループマネージャー、会計監査グループマネージャーを歴任）。2009年4月より現職。日本大学商学部非常勤講師（コンピュータ会計論）を兼務。

[資格]
　公認内部監査人（CIA）、公認情報システム監査人（CISA）、経済産業省システム監査技術者。

[主な著書]
　『内部監査の実践ガイド』、『内部監査人の実務テキスト［基礎知識編］』、『同［業務知識編］』（編著、日科技連出版社）、『よくわかるシステム監査の実務解説（第3版）』（同文舘出版）、『内部監査入門』（翔泳社）、ほか多数。

はじめての内部監査
監査の基礎知識から実務での応用まで

2020年2月27日　第1刷発行
2023年7月5日　第6刷発行

検　印
省　略

著　者　島田裕次
発行人　戸羽節文

発行所　株式会社　日科技連出版社
〒151-0051　東京都渋谷区千駄ケ谷5-15-5
DSビル
電話　出版　03-5379-1244
　　　営業　03-5379-1238

Printed in Japan

印刷・製本　㈱三秀舎

URL　https://www.juse-p.co.jp/

© *Yuji Shimada* 2020
ISBN 978-4-8171-9692-7

内部監査の実践ガイド

16 講でわかる基本と業務別監査

島田裕次 編著

荒木理映・池田晋・五井孝・中野雅史・西島新・宮下正博 著

A5 判・288 頁

　本書は、さまざまな企業の内部監査経験者が、内部監査の実践に役立つように執筆した解説書です。内部監査の基本的な事項を第 1 ～ 4 講で、第 5 講以降で、業務別に具体的な監査ポイントを解説しています。この一冊で内部監査の基本と監査の実践の両方を学ぶことができます。

【主要目次】

■図書案内は弊社ホームページでご覧いただけます。

https://www.juse-p.co.jp/